Rolf Friedrich Schuett

Dein Leben hat Sinn –
für deine Ausbeuter

Ein aphoristisches Gesellschaftssystem

ROLF FRIEDRICH SCHUETT

Dein Leben hat Sinn – für deine Ausbeuter

Ein aphoristisches Gesellschaftssystem

Books on Demand

Bibliographische Information Der Deutschen Bibliothek:
Die Deutsche Bibliothek verzeichnet diese Publikation in
der Deutschen Nationalbibliographie; detaillierte bibliographische Daten sind im Internet abrufbar über
http://dnb.ddb.de

Copyright © 2017 Rolf Friedrich Schuett

Herstellung und Verlag :

BoD – Books on Demand, Norderstedt

Gedruckt auf alterungsbeständigem Papier
(holz- und säurefrei)

Umschlaggestaltung : E. L. Schmidt

Printed in Germany

ISBN 978-3-7431-1782-2

INHALT

7   Kapriolen und Purzelbäume der Erkenntnis

20 Kurzwellensendung

25 Priameln und verblasene Ungefährheiten

47 Sprichwörter

49 Subtexte ohne Kontexte

60 Verstaubtes Gold oder vergoldeter Staub?

66 Systematisiertes Ich,
    individualisiertes System

77 Ah, Phorismen und Antiphorismen

95 Kurzgeschichte des Aphorismus

117 Kultur heute : E oder U, Top oder Pop?

126 Hohe Kunst und Seelentiefe

Meinen Eltern

in Dankbarkeit

„Der Aphorismus ist der Knoblauch der Literatur, eine uralte, heilsame Kulturpflanze. Er frischt die Lebensgeister auf, aber alle guten Geister meiden ihn wie der Teufel das Weihwasser. Der Knoblauch widersteht – wie der Aphorismus – allen Giften der Welt, weil er selbst Gift ist. (…) Als übelriechende, anrüchige Beigabe wird er von Rezensenten immer ganz am Ende erwähnt. (…) Er ist grob, anmaßend, selbstherrlich; meist sinnig, selten sinnlich, auch größenwahnsinnig, doch fast nie unsinnig."
(*Claus Wendt*: „Literaturbotanik", 1980)

„Soll eine Veränderung möglichst in die Tiefe gehen, so gebe man das Mittel in den kleinsten Dosen, aber unablässig auf weite Zeitstrecken hin!"

„Es ist ein Nachteil für gute Gedanken, dass sie zu rasch aufeinanderfolgen; sie verdecken sich gegenseitig die Aussicht. – Deshalb haben die größten Künstler und Schriftsteller reichlichen Gebrauch vom Mittelmäßigen gemacht." *(Friedrich Nietzsche)*

„… wohl in keiner anderen Form vollzieht sich die Vereinigung von Dichten und Denken derart sinnfällig wie im Aphorismus." (*Gerhard Baumann*, 1975)

„Kein guter Leser ist, wer Aphorismen nicht fortlaufend lesen kann – mit ebenso viel Aufmerksamkeit wie einen philosophischen Text und ebenso viel Vergnügen wie einen guten Roman. Erst bei solcher Lektüre gewinnt die Physiognomie des Autors Profil."
(Alfred Behrmann : „Umrisse", 2010)

Kapriolen und Purzelbäume der Erkenntnis
Kategorische Embleme, aphoristische Doktrinen

„Aphorismen, ein Namen wie von Prokustes." *(E. Canetti)*

Kunst : Form als Hülle des Stoffs.
Mode : Stoff als Hülle der Form.

Make it or fake it. Leute mit zwei linken Händen sind noch keine reinen Grundlagenforscher.

Kein kultivierter Mensch sucht sein Glück, doch es genügt nicht, unglücklich zu sein, um gebildet zu wirken.

Der Optimist gibt sich mit dem Guten zufrieden, der Pessimist mit dem Schlechten.

Gib dein Bestes, es kostet dich am wenigsten.

Der Herr (an)erkennt nicht, dass er ausbeutet,
der Knecht aber, dass er ausgebeutet ist.

Im Kommunisten bekämpfte man den Arbeiter
und im Arbeiter den Maschinenstürmer.

Zum Leiden muss man sich weniger anstrengen
und verpflichten als zur Leidenschaft.

Die ganze Nachricht ist nicht mehr
als die Summe ihrer Mitteilungen.

Das ganze Kapital ist mehr
als die Summe seiner Verteilungen.

Der ganze Verlust ist am Ende mehr oder weniger
die Summe seiner Vorteile.

Die ganze Verurteilung ist weniger
als die stumme Summe unserer Vorurteile.

Computer sind nur Werkzeuge wie Bohrer.
Wer sie nutzt, macht alles zum Zahn der Zeit.

Der Leib blüht auf im Glück,
der Geist im Unglück?

Eigene Erfahrungen wollen sich Denken sparen.

Morgen werden wir diesen Satz wohl ganz anders
verstehen als heute und das Verständnis gar nicht.

Gäbe es keine Tiere mehr,
wäre die Welt bestialischer.

Allzu menschlich bist du, human sollst du sein,
Humor hast du, und Humus wirst du.

Ein Buch soll einem die Zeit lang werden lassen.

Freiheit 2020 : Willpflicht zur Sollkür.

Jede Stunde sieht das Kind durch seine Hoffnungen, der Greis durch seine Erinnerungen hindurch

Würden Migranten sich dort mehr Einheimische wünschen, als diese sich hier jene verwünschen?

Auch die Heiterkeit der Kunst
will nicht zu ernst genommen sein.

Der Aphorismus hält kleine Stücke aufs Ganze und große Stücke auf die ausgeschlossenen Teile.

Das Unendliche kommt auch zu Ende in dir.

Bück dich nur vor mir, zeig anderen den Hintern!

Meine Verzärtelung härtet ab gegen ein hartes Wort und Leben, das sich gegen sie verhärtet.

Jeder Tag ist der Jugend zu lange Jahre zu kurz und dem Alter zu wenige Jahre lang zu lang.

Das Wissen kleidet die nackte (frierend geile) Wahrheit, Bewusstlosigkeit enthüllt die nackten Untatsachen.

Vorschrift: Wissenschaftliche Geistesblitzableiter gehören auf alle Gedankengebäude!

Ein Egoist will selbst selbstloser sein als andere.

Menschliches Dasein ist ein Fort- und Dortsein, das nie so ganz hier und da ist im Dagegensein.

Es gibt fünf Kontinente
und wie viele Inkontinente?

Der Geist weicht nicht mehr ab,
sondern nur noch auf und aus.

Gegen die Kirche spricht nicht länger Dogma, Askese oder Strafpredigt, sondern eher Petri Selbstverleugnung.

Was mir abgeht, entgeht mir;
was dich angeht, übergeht dich.

Die Jugend weiß, was Alte tun sollten; der Greis
weiß, was er in der Jugend hätte tun sollen.

Beide sind einig: Opa glaubt dasselbe Schöne
hinter sich, was sein Enkel Böses vor sich hat.

Erkennen kann etwas nur, wer sich nicht ganz
auskennt und Vorkenntnisse aberkennt.

Jedes Ding macht seine Ursachen unmöglicher
und seine Folgen etwas unwahrscheinlicher.

Ostern feiern Weicheier den geheiligten Zeitgeist,
der nicht sein Mittelmaß heil(ig)t.

Das Heute wird bald auf ewig wie nie gewesen
sein, aber wie wird ein Morgen ewig nachfolgen?

Wer sehen darf, was er ist, ist es schon gewesen,
denn er muss nie sein, was er gesehen hat.

Ist Welt eher für Geld oder den Held zu haben?

Man hört Schriften, sieht Begriffe, liest Bilder
und fühlt Stimmen, ehe man noch ganz da ist.

Die Künstler und Philosophen fühlen sich zu dem
berufen, wofür Menschen nicht gemacht sind.

Der Mensch beherrscht als Sklave Gottes
die Welt und dient als Satans Domherr.

Erkenntnis : ein Erlebnis, das sich nicht erlaubt.

Ich bin dir gut oder böse oder egal,
also denke ich (mir etwas aus).

Eigenliebe hasst Unbeliebtes,
Liebe vereint wahllos Beliebiges.

Hingabe heißt alles im Voraus vergeben;
hassen heißt alles im Voraus bestrafen.

Glück verkleidet sich als Pech, um zu überleben;
Pech verkleidet sich als Glück, um zu prahlen.

Besitz ist Sehnsucht nach dem, was man hat;
Hoffnung ist Besitz dessen, was man nicht hat.

Jeder Lebenslauf ist auf *Freund Hein* gerichtet, seine Mündung wie seine Quelle ein Muttermund.

Liebe und Industrie haben eins gemeinsam: sie decken nur Bedürfnisse, die sie erst wecken.

Vor Kunst dünkt man sich Kitsch, vor Kunststoff und Kunstgewerbe ein Stück Natur.

Aphoristiker oder Sentenzenschleifer ist, wer den geistigen Ausnahmezustand verhängen kann und über Menschenfreund und -feind entscheidet.

Unfreiheit ist oft Flucht vor dem eigenen IQ.

Natur : immer dieselben Gesetze immer neuer Dinge. *Geschichte* : immer neue Kombinationen immer derselben Dinge.

Der Sinn deines Lebens enthüllt sich nie deinen
Sinnen und die Sinnlichkeit nie deiner Klugheit.

Der Reiche lebt umsonst, der Arme vergebens.

Wer länger leben will, muss zur Strafe
als ekler Untoter herumhumpeln.

Wer die Welt nicht ausreden lässt,
kann nicht von ihr sprechen und sie ausdrücken.

Lebens- und Todesstrafe bewahren voreinander.

Müsste Gott blöde und geil, neidisch und gewalttätig werden, wenn er Mensch werden wollte?

Frei ist, wer zum Schicksal noch Stellung nimmt.

Man findet nur Lügen und erfindet dann Wahres.

Humor haben nur pedantische Griesgrame.

Viele meistern ihr Pech besser als ihr Glück.

Ohne Hoffnungslosigkeit denkt niemand,
ohne Lähmung handelt keiner verzweifelt.

Deine Armut schändet alle Reichen,
dein Wohlstand alle Habenichtse.

Wer nicht gut ist, muß hoffen, dass alles gut wird.

Kurzwellensendung

Kommt in den Himmel, wer sein Leben opfert
oder für seine Opfer lebt?

Nur das allmächtige Böse in der Welt beweist den
Allmächtigen, nur Satan unsere Allunwissenheit.

Der Gott ist in dir so gestorben,
wie seit zwei Jahrtausenden der Mensch in Gott.

Einsamkeit und Gemeinsamkeit
sind Schulen füreinander.

Der Dreckspatz kommt dem aufs Dach,
der die Friedenstaube mit der Hand fängt.

Der Aphoristiker ist mit deiner Weisheit
immer am Anfang.

Habe ich meine Kindheit erzählt, vergesse ich sie.
Erinnere ich mich an meine Pläne, zähle ich sie.

Ordnet kein Gott die Welt auf uns hin,
muss man es selber tun.

Geh mit unbarmherziger Natur unbarmherzig um,
auch mit der eigenen – aus Notwehr statt Hybris.

Macht erst der Techniker aus böser Natur eine
gute Mutter, die Gottvater ihm nicht gegeben hat?

Humor haben nur Sauertöpfe,
ernst machen nur Clowns.

Was steht an Gegenständen fest – gegen unsere
Feststellungen? Was feststeht und wir feststellen,
sind nicht wir, sondern unsere Festsetzungen.

Macht sachliche Haltung für deine Verhältnisse
Halt vor Sachverhalten, die sie nicht enthalten?

Wer nur Hoffnungen hat, macht seine Lage verzweifelt. Aussichten hätte, wer ganz resignierte.

Mit der Hoffnung auf den Himmel
ist die Höllenangst leider auch verschwunden.

Einst war die Seele die Form des Leibes und der
Rohstoff des Geistes. Heute ist sie Psychologin.

Arbeiter stehen vor Marxisten
oft elender als vor Bürgern.

Die *Popkultur* ist gar nicht vom Volk geschaffen,
sondern für die Unterschicht produziert,
um sie unten zu halten.

Wer zu viel Seele in der Natur entdeckt,
behält davon zu wenig übrig in sich selbst.

Viele *meistern* eher ihr Pech als ihr Glück und
üben Kritik an glücklichen Kühen, sich in Geduld

Kunst geht zu weit, soweit, wie die Justiz erlaubt.

Alles fließt. Und bleibt ewig im Fluss stecken.

Du kommst erleichtert aus Jahrtausenden
und gehst ängstlich in Jahrzehnte.

Aufrechter Gang wurde Fortschritt, gerade noch
aufgefangener Sturz (nicht Flucht) nach vorn.

Wir leben schon nach der Zukunft,
nicht mehr vor der Vergangenheit.

Descartes? Ich denke, also bin ich des Teufels.

Wenn die Herkunft keine Hauptrolle mehr spielt,
dann auch nicht das Naturtalent.

Die Geschichte verlässt, wer alles hat,
ohne dafür zu arbeiten.

Sitzenbleiber sind aufgestiegen, wenn der Primus
der Schulklasse später zum gebildetsten Penner
ihrer sozialen Klasse wird.

Priameln und verblasene Ungefährheiten

„… lieber hätte ich gar keinen Erfolg,
als nicht zu den Größten zu gehören." *(John Keats)*
„Der andere kann kämpfen, aber er kann nicht meine Verse
schreiben. Lasst mich in Ruhe." *(John Milton)*

Démon de monde. Gehört wird nur, wer schweigt,
also nicht gehörig angehört werden muss.

Nichts Böses kommt ohne Widerstand des Guten
zustande.

Der Ewige schuf die Welt, ohne ihre Ursache
zu sein, die *vor* dem Urknall läge.

Erst Nomaden gegen Sesshafte, dann Arbeiter gegen Bürger, nun Eingeborene gegen Ausländer.

Was man nicht sagen mag, soll man schreiben;
was man nicht schreiben kann, muss keiner tun.

Übermorgen wird morgen schon wie von gestern
sein, wenn du dich dir anpasst und nicht aufpasst.

Ich kann nicht schreiben, was ich lese,
und nicht gut lesen, was ich schreibe.

Lässt sich innere Leere mit dem Nichts füllen,
dem das All entstammt?

Wer nicht seiner Schwächen Herr wird,
wird Sklave seiner eigenen Macht.

Alten fällt nur ein, an Alten fällt nur noch auf,
dass sie immer eher altklug als blutjung waren.

Wächst Wohlwollen besser auf Wohlstand?

Klugscheißer und Dummköpfe verhalten sich
wie Einfaltspinsel und Schlaumeier.

Ihr wart vor allem schon überall, hier und da,
doch überhaupt nicht u. a. oder über allem.

Ein Vermögen lässt sich besser verstecken
als sein Gegenteil.

Es gab immer zu viele Bücher,
d.h. zu wenige gute.

Aphoristiker sind noch alte Maschinenstürmer
und verdrängte Wissens- und Geltungsdränger.

In meinem Buch ist das Leben wichtiger
als in deinem Leben das Buch.

Tiefenkommunikation : „Was habt ihr?" –
„Nichts." – „Was ist denn?" – „Was soll sein?"

Queerdenker. Ich staune nur noch darüber,
was mich einmal in Erstaunen versetzen konnte.

Spekulative Denker investierten ein System, um
drei Aphorismen zu gewinnen – oder umgekehrt.

Ich denke, dass Gefühle uns Gedanken machen,
oder denke dem nach, was ich mir so ausdenke.

Erhabenes bedrückt, Tiefsinn erhebt, Weite engt
ein, Länge langweilt, und Flaches treibt ab.

Der Tod ist das Ende von etwas, das selten anfing

Das Ziel liegt in der Erkenntnis, es nie verlassen
zu haben. Wege führen überall hin, außer ins Ziel.
Ziele gibt es genug, doch nur Wege davon weg.

Unverständnis ist größer nach als vor dem Wissen

Polyglott? Wer Weltkriege gewinnt,
lernt keine Fremdsprachen.

Für Georg Simmel. Form kämpft gegen Form,
nicht Leben gegen Formen.

Erfolge werden von ihren Folgen verfolgt
und befolgen sie folglich folgsam.

Wer ist sein ganzes Leben lang lebendig?

Jeder Dummkopf verhält sich zur Zeit zum Geist wie Grenzenloses zum Beschränkten.

Infekt macht defekt. Weltverbesserer machen die Vollkommenheit zum perfekten Imperfekt.

Gut und Böse, Glück und Unglück, sind ver- und geschiedene Welten, nicht Gegensätze.

Machen Ewigverdammte auf Erden nur Ferien und gefallene Engel Bewährungsdienst?

Die meisten sind zu schlecht für ein gutes und zu gut für ein schlechtes Beispiel, also unbrauchbar.

Bringen wir es nach uns! Man begreift die Mutter
Natur gerade, wo sie sich eher schief ausdrückt.

Gute Übersetzungen verbessern das Original.

Zum Glück kann ich meine Ziele nur erreichen,
wenn ich eure verfehle, und auch umgekehrt.

Bring deine Schäfchen ins Trockene,
und du sitzt auf dem Trockenen.

Auch die Philosophen kommen aus dem Staunen
irgendwann heil heraus ins Grübeln.

Ein Gott kann nicht sterben, doch nicht deshalb,
weil er nach Nietzsche schon tot ist.

Nur du denkst an dich. Mehr wär auch ungerecht.

Ob nun Kugel oder Scheibe,
die Erde dreht sich im Kreise.

Spielen auch Popmusiker auch nach Banknoten?

Was das Herz begehrt? Herzlos Unbarmherziges.

Philosophie steht zum Denken wie Ehe zum Sex.

Ein letztes Wort gibt (wem?) das andere,
doch erst das erste einen Sinn oder Verstand.

Ein Standpunkt ist der Horizont.

Wir haben ja eher zu viele Werte. Das ist wertlos
und fordert seinen Preis und seine Preisung..

Mein Elternhaus gehörte fremden Vermietern.

Tu nur Böses, um Gutes zu bewirken an anderen,
die dann Gutes tun und damit Böses bewirken.

Gibt es mehr geistlose Witze als witzlosen Geist?

Ist Gutes das Beste? Ich will ja nicht gut werden,
mir genügt es, besser zu sein.

Seine Mutter hätte ihren Stalin abtreiben sollen,
aber dann nie erfahren, weshalb.

Je besser ihr seid, desto leichter werde ich böse.

Die Realität macht sich ihre eigenen Illusionen, und die Scheinwelt hat ihr eigenes Sein.

Dass alles eitel sein soll, wirkt noch eitler.

Ob nun Empfängnis, Verhütung oder Abtreibung, jeder Geschlechtsakt ist ein Todesurteil für einen neuen Menschen, ob gleich vollstreckt oder spät.

Scylla und Charybdis sind oft auch Synonyme für Glück und Zufriedenheit.

Man nimmt zu gern die Vernunft an, ständig den Verstand zu verlieren. Oder auch umgekehrt.

Was du links liegen lässt, kehrt rechts zurück.

Im Tode werde ich nicht von euch gehen,
sondern zum ersten Mal zu euch kommen.

Wir können erst seit Jahrtausenden über ein jahrmilliardenaltes All nachdenken. Das braucht Zeit.

Wären Mörder unter Unsterblichen nun Helden?

Schuf die Evolution den Menschen,
um sich zu beenden oder zu beschleunigen?

Hegel oder Adorno: Ist das Ganze nur die Halbwahrheit oder das einzige Wahre ein Urteilchen?

Soll Menschenwürde Lächerlichkeit verdecken?

Aphorismen: Mit Spitzen gegen die an der Spitze.

Souverän ist, wer den Wohlstand ausruft, und der Ausnahmezustand bestätigt die Regierung.

Ein voller Kopf und Bauch studiert so wenig gern wie ein leerer.

Motiv meiner Untätigkeit : Taten und Untaten haben zu klare Folgen und verfolgte Erfolge.

Jeder Komplex erscheint simpel und Einfaches unentwirrbar.

Aphoristiker üben erst mit Essays.

Von zwei Frauen ist eine schöner
oder jede hässlich.

Man lässt sich von Gefühlen und Gedanken
leicht beherrschen, ohne sie zu bedienen.

Der Aphorismus ist der springende Punkt
an einem Standpunkt und setzt mit dem
Schlusspunkt stets einen Doppelpunkt.

Es spricht nicht gegen Demokratien, dass sie oft
mehr Schönes als Schlimmes überstimmen.

Ersetzt Musik oder Mathematik die eine Weltsprache *vor* dem Turmbau von Babel? Das eine
macht zu viele dumm, das andere zu wenige klug.

Nation von Kosmopoliten oder
Internationale der Nationalisten?

Wie du kriegst, was du willst? Tu das Gegenteil.
Oder tu so.

Nur noch Roboter der übernächsten Generation
könnten Computer wieder aus der Welt schaffen.

Ursachen und Wirkungen sind nicht füreinander
verantwortlich, sondern unzurechnungsfähig –
außer bei dir.

Mein Mund enthält (sich der) Worte. Ich halte
eher euch hin als meinen Kopf für mich selbst.

Reiß dir die stumpfe Zunge raus,
um nicht allzu beredt schweigen zu müssen.

Ewiger Friede auf Erden herrscht
erst nach dem nächsten Weltkrieg.

Ich war für Sozialismus, weil er verlieren musste.
Hätte er gewonnen, wäre ich Kapitalist geworden.

Die Fragwürde, Denkwürde und fehlende Würde
des Menschen ist am unantastbarsten.

Schieß vorbei! Was du triffst, sei dein Ziel.

Meine Aphorismen sind hoffentlich etwas besser,
als was ich schrieb und schreiben wollte.

Dass hinterm Schein (k)ein Sein steckt,
das (nicht) erscheint, scheint oft nur so.

Werde ich mit Steinen beworfen, fallen sie mir
vom Herzen: Ich bin getroffen, doch nie gemeint.

Farblosigkeit zu bekennen fällt schwerer.

Sei etwas beliebter, sage zu jedem:
„Du hast mir sehr geholfen, danke!"

Man kann in einen Brunnen fallen,
ohne zu Sternen aufgeschaut zu haben.

„Lumpenproletarier", die Marx aus seiner Leibklasse feuerte, lud Jesus in sein Himmelreich,
aus dem Mutter Kirche sie wieder vertrieb.

Nur Feiglinge feiern Helden,
und Mut achtet den Hasenfuß.

Oft traut man sich für Fremde mehr zu tun als für
sich selbst und erkennt seine Interessen schlechter
als fremde. Man nützt einander wider Willen.

Moral ernennt gern Tugenden zu Lastern, um sie
ächten zu können, und Laster zu Tugenden,
die sie dann fordern kann.

Pointeur, mutato nomine. Die besten Aphorismen
verstecken sich noch in lang(weiligst)en Wälzern:
Pflückt sie heraus und pflanzt sie in neues Buch!

Mordkarge Komfortzone. Mancher liebt Literatur,
um sich nur bestätigen zu lassen, dass er recht tat,
sich aufs Leben nie recht einzulassen.

Der Sinn des Lebens : aus dem Altern
so etwas wie ein „Leben" zu machen.

Last(en)träger ertragen leider die Leistungsträger.

Es herrscht keine Freiheit,
sondern Herren sind zu frei.

Aphorismen : Überschriften unbeschriebener und
unbeschreiblicher Blätter.

Traum vom Beischlaf : nachtfüllendes Programm.

Der Herr kann sich kurzfassen, weil Kommandos
kurz sind; der Knecht muss sich kurzfassen, weil
er nichts zu sagen hat und nicht langweilen soll.

Heidegger tat das Nichts zur Sache oder ließ das
Sein. Das macht nichts oder das Nichts, das ihm
mehr gewesen ist als jedes Ichts und Gewese.

Wer die freie Wahl hat, muss noch nicht in den
Bundestag hineinleben.

Wer sich einen Kopf machen und verdrehen will,
zerbricht sich die Gedanken und bricht kein Herz.

Kehrst du der *Hinterwelt* den Rücken, ist sie bald
hinter dir her, und du has(s)t die Halbwelt vor dir.

Kann man seinen Verstand ohne sein Gesicht
verlieren oder umgekehrt?

Künstler zerbrechen sich den Kopf, wie sie
deinen zerbrechen und dir die Gedankenlosigkeit
mit Gefühlen aus dem Kopf schlagen können.

Untiere werden nun wie Unmenschen behandelt.

Man tut hier keiner Fliege mehr etwas zuleide,
also macht endlich die Fliege!

Der Mensch traut nur seinem Allernächsten –
wenigstens alles zu.

Vita brevis, ars longa (Hippokrates) :
Aphorismen verlängern das Leben.

Der Mensch lebt nicht vom Brot allein,
auch vom Tod anderer.

Erlaubt ist, was der Fall ist oder den Phall isst
und verfällt.

Ein bibelfester Mitbürger ist unser Gott?

*Es kommt immer anders, als man denkt,
doch immer dasselbe, wenn man nicht denkt.*

In der Beschränktheit zeigt sich erst
der Zeremonien- und Kerkermeister.

Wen dauert es, dass kein kurzes Wort auch nur
kurze Zeit überdauert – nur Jahrhunderte.

Auf Freuds Couch liegt kein aufrechter Beichtstuhlgang.

Zu Weihnachten kriegt man Dinge geschenkt,
nach Sylvester zum halben Preis.

Das ist die Höhe, dass der hochmütige Tiefsinn
hoher Tiere zu den Niederungen der Hochkultur
nicht zählen soll!

Das Weltall schützt vor aller Umwelt,
vor Umweltschützen und Umweltvorschützern.

Seit Gott tot sein soll, ist er nur noch im Himmel.

Einst vertrieb man sich nur die nutzlose Zeit,
nun vertreibt man dort die kostbare auf Märkten.

Heidegger 2000: Das Seyn trügt und ist der Phall.

Und wenn du denkst, es geht ja noch,
dann fällst du in das nächste Loch.

Von Machtworten zu Untaten ist es kürzer
als von Schlagworten zu Tatsachen.

SPRICHWÖRTER

Der Weise verliert nicht viele Worte. (Dazu müssen seine kurzen Sätze aber viele Worte verloren haben.)

Aphorismen weisen schlagende Beweise ab.
(Gut begründen lässt sich schließlich fast alles.)

Mut und Schwermut kommt vor dem Unfall.

Man soll sich auch kein X für ein X vormachen lassen, und wer Ah sagt, muss nicht Aa machen.

Man glaubt drei Mündern mehr als einem Auge.

Tun und so tun ist zweierlei.
Tun und lassen und schöntun ist einerlei.
Ungetan ist allerlei und keinerlei.

Lieber zu viel schreiben als zu wenig lesen!

Die Unterwelt ist alles, was kein Beifall
und im Falle eines Reinfalles die Falle ist.

Geteilte Meinung ist halbe Deinung.

Kunstwerk hat einen vergoldeten Dachboden
der Zitatsachen.

Liebesglück hat auf die Schnelle
nur der Leibesertüchtiger.

Gegen das Leben und die Klugheit
ist viel Unkraut gewachsen.

Einmal findet jeder seinen Kerkermeister. Einer zahlt
immer drauf, einer erzählt immer drauflos.

Verlegenheit macht eher Hiebe als Triebe.

Was man im Kopf hat, müssen andere in den Beinen
und Händen haben.

Ein Holzweg entsteht, wenn man ihn nicht geht.

Wo ein eiserner Wille ist, da ist auch ein Holzweg.
Wo ein Widerwille ist, da ist auch ein Rückweg.
Wo ein freier Wille ist, da sind auch zu viele Wege.

Wie die Alten sungen, so lassen kreischen die Jungen.

Gestern, gestern, nur nicht heute,
sagen alle alten Leute.

Man soll den Bundestag vor dem Abendland loben.

Subtexte ohne Kontexte
„Tu´s Maul auf, hör´ bald auf!"

Was läuft da alles ab – außer deiner Lebenszeit?
In der Welt passiert nur Schlimmes – die Zensur.

Zuwachsraten rätseln, wann alle Wunden zuwachsen.

Ein Autor schreibt seine Leser auf und nieder.

Mystischer Größenwahn sagt : Ist alles eins,
genügt es, eins zu berühren, um alles zu bewegen.

Für „geistige Dinge" sind viel weniger natürliche
als hinreichende Bedingungen lebensnotwendig.

Fortschritt ist kein aufrechter Fortgang, sondern fortlaufender Gleichschritt Marsch oder Undsofortschrott.

Man bestellt sein Haus (bei Bauherrn), aber ganz
unheimlich toll ist nur das Tollhaus.

Hängst du am Leben, so schneide (dich) gut ab.

Werd dir mal unendlich klar unter dich und mich!

Instinktiv kultivierte Kunst ist Gunst der Stundung.

Geist wettet hochmütig auf Geld : „Kopf oder Zahl?"

Wie geht es dir? – Wie es um mich steht.

Ein gesunder Körper hat oft höhere Miss-Bildung.

Fortschritt: Der Weg zu dem (Wissen), was man will.

Ein Ideal wird nur noch an der Realität gemessen und zu leicht befunden.

Ideales und Reales liegen friedlich nebeneinander im Supermarkt und tun sich nichts mehr.

Höflichkeit lügt, Ehrlichkeit verletzt, Geduld ist ein Feigling und Feigheit nur Schonzeit.

Im Poeten schlägt das Schicksal nur zu Buche.

Verlierern werden Forschungsgelder bewilligt.

Nähe ist nahezu Ferne (oder Ent-fernung).

Freud. Heute verdrängt man alles ins Öffentliche.

Big Data : Die Kunde vom Kunden im Sekundentakt.

Headmades. Vorauseilender Gehorsam hört nun auf nachzüglerischen Ungehorsam.

Phantastischer Verstand hat nichts als vernünftige Träume.

Ruhm kostet nichts – als das Talent.

Niederträchtige Niederkunft :
Manche Mutter war schwangerer als andere.

Wer den Letzten verletzt und vergötzt, ergötzt.

Kant konnte die Welt ganz neu sehen,
weil er sie nie bereist hat.

Wer in (Uni-)Form ist, bringt nichts in Form.

Es bewegen sich und dich Bilder und Schilder.

Belangt werden Zulanggekommene
nur noch für belanglose Belange.

Objektivität ward zur Zensur gegens Individuum,
aber ist das Umgekehrte verkehrt?

Einst galt die Erde als Scheibe.
Heute sind Weltbilder noch flacher.

Ein geglücktes Leben hat mehr Glück,
als es glücklich ist.

Die einen glauben, dass zu viele glauben,
weil sie das brauchen; andere glauben,
obwohl sie es nie wollten.

Hedonanie, lieblose Beliebigkeit nach Belieben ...

Zaungastgeber. Blinden ist nichts anzusehen,
und für Seher ist man augenscheinlich blind.

„Wer schreibt, der bleibt."
Dieser Quatsch wenigstens bleibt.

Ein außerordentlicher Aphorismus empfiehlt sich
und geruht, auf geordneter Unruhe zu beruhen.

Leben, durchdringend undurchdringlicher Nebel.

Ges(ch)ehenes durch(sc)hauen:
Wahnzeichen einer jeden Doktorvaterstadt.

Neg-otium oder Revolution 2020 : Papierkrieg
den Palästen, Arbeitsfriede den Hütten!

Nicht unter dir, aber mir über: Ich bin weit über
mein Niveau unter meine Verhältnisse betroffen.

Dialektik ist nicht Umschlag von Geldquanten
in Geistesqual.

Beginn mit Erkennen da, wo Gott mit Erschaffen
aufhörte, und ende erst da, wo Er anfing.

Weg(t)räumen. Wenn du dich schon verkaufen
musst, sei wenigstens Bückware in Schub-Läden,
aber wer sich nicht bücken will, muss buckeln.

Heute leidet man darüber,
dass man darunter spricht.

Die meisten haben Gottes Gesetz um- und ungeschrieben und ihr Blatt unbeschrieben.

„Immer wieder" gibt es wieder und wieder nicht,
doch wie oft noch hört man : „Nie wieder!"?

Ich vergesse nie die Zeit,
in der ich noch nicht so vergesslich war.

Kauf mit dem Anwesen nicht deine Abwesenheit.

Antworten von vorgestern
werden erst morgen erfragt.

Der Scheich müsste sich vor Scheherazade
jeden Tag einen eigenen Gedanken machen,
um zu überleben.

Arme haben nicht mal Hunger, Ketten und Pech.

Revolutionstheorie § 1 : BWL ist nicht VWL.

Die euch mutig nennen, machen mich mutlos.

Geistesadel *von und zu* : Wozu ein Buch von XY?

Husserl beschaute zu ihrem Leidwesen ihr Unwesen, das die Lust mit dem Verlust treibt.

Wer vergeht vor Entstehen und entkommt dem An- und Abkommen?

Jeder ist so frei wie sein Fall und sein Vogel.

Die anbrennende Frage nach Himmelbetten entzündet sich gern am Höllenfeuereifer.

Du schwanst mir : Stell mehr dir Fragen als dich.

Das Bonmot verliert so wenige Worte,
wie es an Welt und Wert gewinnt.

Heidegger brachte Nichts zur Sprache : Das *Haus des Seins* fällt ein, und das einem Satzbauer!

Kunst : Gehaltvoller Einfall eingefallener Gestalt.

Du warst glücklich, bist traurig, wirst komisch.

Nulla dies : Kein Alltag ohne Ratschlagzeile auf der Schicksalsschlagseite.

Dein Geschick ist Begabung auf dem Gabentisch.

Leiden : Unerträglich ertragsgespannte Portables.

Kafkawalser : Werde groß durch Selbstverkleinerung und verkleinere dich durch Größenwahn!

Lieber Kreuzdenker als Quergetriebener?

Ein Esser lässt mehr Leute ungefragt verhungern, als ein Trinker unverantwortlich verdursten lässt.

Der gute Autor tippt selber. Auf weniger Leser.

Du hast wenig gesollt und sollst weniger haben.

Nur Apokalypse kann die Katastrophe verhindern

Weltbrandneue *turns* haben den Dreh bald raus.

Wichtigkeit berichtet nur oder berichtigt die Nichtigkeit der Richtigkeit und Aufrichtigkeit.

Das Alter sagt und schreibt ins Reine den Satz,
den es nicht mehr ins Freie tun kann.

Iss nur, um gutgenährt aufgefressen zu werden.

Was du im Ohr und im Auge hast,
hast du noch lange nicht im Kopf.

Man verliert seine Zeit damit, Zeit zu gewinnen,
zu schinden, und spart Zeit, um sie totzuschlagen.

Güter suchen, schlecht finden, Gütige versuchen?

Ergreif das Wort für das, was dich packt,
oder pack dich, bevor du ergriffen wirst!

Herzlastige Dickheuter. Netzhocker und Nestbetreiber sterben virtuelle Tode analog zum Leben.

Tunixe sind noch keine Heimlichdenker.

Willst du? Du warst gewollt. Musst du dies?
Jenes sollst du! Aber kannst du? Du wirst gedurft.

Opuslenz. Auf spielraumraubende Rat- und Tatsachen steht zur Strafe zeitraubende Untätigkeit.

TV : Beschaulich leben ohne *vita contemplativa.*

Einsamkeit ist nie halbe Zweisamkeit, Gemeinsamkeit aber schon mehrfache Einsamkeit.

Theorie verhält sich zu Praxis nicht wie Vermutung zu Mut oder Schwermut zu Anmut.

Kants *Ding an sich* war Begleiterscheinung der Augenscheinwelt; leere Begriffe schauten sein volles Wesen an.

Verstaubtes Gold oder vergoldeter Staub?
„Was der Idylliker anfasst, wird grün." *(Karl Krolow)*
„Die Idylle macht steril." *(Friedemann Spicker)*
„Nur eine sterile Idee wahrt ihren Rang als Idee." *(Cioran)*
„Die Bestimmung des Menschen ist das Denken,
nicht das Handeln." *(Friedrich Dürrenmatt)*

Realität schweigt, sagt die gebildete Einbildung.

Wer die Norm erfüllt, füllt nur die Uniform.

Dadata. Ruhelose Stille als Geredefreiheit.

Randbedingung für Randständigkeit : Mittelmaß.

Erfahrung macht man nur mit Unabgefahrenem.

Satzungen sprechen Gottes Gesetz heute nie frei.

Wett- und Weltlaufbahn einschlagen wie Zähne...

Gut sind Aphorismen, die uns eher reizen,
sie zu widerlegen als zu verbessern.

Welchen Naturgesetzen (oder Kräften) gehorchen
die Naturgesetze?

Die *Menschenrechte* sind eben solche Utopien
wie die klassenlose Gesellschaft
oder das Goldene Zeitalter.

Der Himmel ist zu hoch, doch die Hölle vertieft
weder Gedanken noch Schweigen oder Seufzer.

Sind wir einfach genug für Feinheiten
und groß genug für Zusammenbrüche?

Wer sich gut in dich hineinversetzen kann,
hält deine Erlebnisse bald für seine eigenen.

Erinnere dich nicht so häufig, sonst erfindest du
deine Vergangenheit zu oft neu.

Verkehr nicht zu viel mit anderen, sie betrügen deine Erinnerungen. Für das Gemeinschaftsgefühl muss jeder einen Teil des Gedächtnisses fälschen.

Aphorismen sind so sprunghaft wie das Gedächtnis, also getreuer als zusammenhängende Stories.

Die Position des Aphorismus bleibt die Negation, und das Leben überlässt er den Fachleuten.

Geisteswissenschaften wissen Geistreiches gründlich unter den Teppich zu zerreden.

Popmusik, PKW und Fußball – unheilige Dreieinigkeit, die keine Blasphemie duldet. Nur noch deren Verbote führen hier zu Sozialrevolutionen.

Gibt es schon mehr TV-Krimis als Verbrechen?

Warum ruft kein Volk, das aufsteigen will: „Nieder mit dem Pop, es lebe die Hochkultur!"

Nichts ist romantischer als neueste Sachlichkeit,
doch Kultur verhext Entzauberungskünstler neu.

Der Aphorismus ist ein Satz, in dem die ganze
Welt mehr Platz findet als das Atom.

„Zeitquanten" hatte *H. Conrad-Martius* schon
1954 vorhergedacht, mit denen heutige Kosmologen noch *vor* den „Urknall" kommen wollen.

Kant kämpfte nicht für die Freiheit,
sich von seinen Bedürfnissen beherrschen
und von seinen Trieben treiben zu lassen.

Leben ohne Träume ist schon halbleer,
doch Traum ohne Leben noch halbvoll.

Suchen wir eher Inseln der Wahrheit im Meer
des Wahns oder Halbinseln der Leidenschaft
im Ozean der Machenschaften?

Gegenwart : Raserei der Nüchternheit und wissenschaftliche Machenschaften der Leidenschaft.

Klein ist, was großtut, und man stellt Größeres an mit dem, was man klein kriegt oder kleinkriegt.

Nur der Idealist hat die nötige Distanz zur Realität, um objektiv zu sein.

Manche wollen den Armen viel abgeben, um sich nicht viel mit ihnen abzugeben.

Handle konsequent, doch nicht mit Konsequenzen!

Wahrheit wirkt wahrlich nie wahrscheinlich, aber nicht alles Unwahrscheinliche ist wahr.

Religion ist die Kunst, Gottes kostenlose Kunststücke zu bejubeln, ohne eigene zu verdammen.

Machen Gene die Pläne, die wir machen, oder
Absichten die Einsichten zu bloßen Ansichten?

Hochfallende Tiefsteiger. Aphorismen bestehen
aus Lücken, die der Leser büßt oder hinterlässt.

Mein grundsätzlicher Beweggrund ist es wohl,
mit gründlich abgründigen Sätzen zu entsetzen.

Druntergänger. Einzelheiten fragen nach ihrer
Einheit, die Einheit aber nie nach dir Einzelnem.

Überkomplexe Fragen stellt der Simpel
und verantwortet sie unterkomplex.

Wie, wenn alles, was ich schrieb, auch als
Selbstparodie gemeint und zu lesen wäre?

War Schlegels katholische Konversion eher
Krönung oder Ende der romantischen Ironie?

Systematisiertes Ich, individualisiertes System

„So wurde die Humanisierung des Menschen nur verwirklicht in der Welt des schönen Scheins." „Epochen, in denen das soziale Engagement die gesellschaftliche Verkehrsform beherrscht, waren von jeher kulturarm ..." –
„Wer sich widerspricht, kommt der Wahrheit näher."
(*Hartmut Lange*: „Tagebuch eines Melancholikers", 1983)

Alterssünden machen eher töricht als wieder jung.

Wer die Wahrheit scheut, flieht die Langeweile.

Jeder bleibe dumm, sonst wird er noch dümmer.

Auch Christen meiden, was sie leiden macht,
und Schopenhauer meidet nie, was er leiden mag.

Gender 2000 : Männerleiden – Frauenfreuden.

Sind Aphoristiker „kentaurische Philosophen"
(Wein) zwischen Naturalismus und Idealismus?

Warum gibt es viel mehr, was sich sinnvoll
behaupten lässt, als was sich überhaupt *nicht*
enthaupten lässt?

Vor Selbstmordgedanken schützt Größenwahn,
vor Größenwahn nur Todesangst.

Der Realist sieht nicht die nackte Wahrheit,
sondern nur die ausgeweidete.

Man macht Menschen nie zu gut – zum Leben.

Wer machte den ersten Gleichschritt zum Fortschritt, den ersten Fortschritt zum Gleichschritt?

Sagen Linke und Rechte dasselbe,
wer hat dann Recht?

Das berühmte *ganz Andere*
ist keine halbe oder andere Gleichheit.

Wer im Kreis läuft, eckt sogar unendlich oft an.

Benötigen Einsamkeit und Gemeinsamkeit
sich wie Allgemeinheit und alle Gemeinheit?

Nützlichkeit schadet mehr, als Schädlichkeit nützt

Fortschrittsglaube heißt, unsere Nachkommen
mehr zu beneiden als unsere Vorfahren.

Die Welt ist zu groß für den Kopf
und noch zu klein für die Hand.

Bitte Gott um Chancen, mehr Wünsche
zu erfüllen als zu äußern.

Bücher schaffen kultivierte Barbarei.

Orakel zu Del(p)hi : „Verkenne Masken selbst!"

Das Alter raubt mehr Fähigkeiten,
als jede Schule uns verschafft.

Du liebst den, der dich beneidet, und bist
eifersüchtig auf den, der es nicht auf dich ist.

Ungläubige Laster verkaufen Gott für noch
dümmer, gläubige Tugenden uns für klüger.

Frei und glücklich ist, wer freier und glücklicher
ist als der liebe Nächste.

Der Kindheit lebenslang Lebewohl zu sagen,
stirbt wohl erst mit uns aus.

Um Gehör zu finden, schreiben Autoren zu viel
und ihre Leser zu wenig.

Ein besseres Buch, das fesseln will,
muss nicht Bestseller verreißen können.

Kritiker kann loben, wen er nicht beneiden muss.

Werden Leute unsterblich, stirbt ihr Schöpfer.

Wichtigtuer sind wichtig, für unsere Belustigung.

Mein aufrechter Gang ist eine Kette
von Bücklingen auf Kratzfüßen.

Sterben lernt man nicht, wo man Leben verlernt.

Das Licht der Vernunft verfinstert alle Mienen.

Aphoristiker wollen zu wenige Worte
in zu viel nackte Unwahrscheinlichkeit kleiden.

Wir haben gefunden, was wir erfunden haben
wollen, und erfinden, dass wir etwas gesucht
haben wollen.

Schneller wollen und können dir Teufel helfen.

Bitte, zwingt mich zur eigennützigen Selbstlosigkeit oder zu selbstloser Untätigkeit!

Hilf gern mit fremder Hilfe,
werde sozial und dich los.

Aphorismen sind nie Sätze zwischen Gegensätzen

Man geht nicht auf die Toilette, die man macht.

Hilfsbedürftige treffen auf Hartherzigkeit,
die sich Hilfsbedürftigkeit nennt.

Parias heilig. Reiche beten nur fremde Armut an.

Jugend findet Gedanken,
Alter Genüsse zu mühsam.

Theodizee. Deine Enttäuschungen dienen dazu,
deine Nächsten zu schützen.

Wer alles zur Kenntnis nimmt, erkennt nichts.

Entnimm einem modernen Gedicht eine Zeile mit
einem neuen Bild und erklär sie zum Aphorismus

Man macht es immer besser und besser,
um es nicht ein einziges Mal gut zu machen.

Wer mit klugen Worten wohl oder weh tut,
ist noch nicht geistreich.

Als Ausbeuter gilt bereits,
wer sich nicht ausbeuten lässt.

Geist wiegt nichts. Es braucht viel Verstand,
sich mit Dummköpfen zu verständigen,
um sie nicht verstehen zu müssen.

Jugend prahlt mit Geist wie der Greis mit Kraft.

Moral schafft mehr Lumpen, als sie verhüten will
– sagen ihre Opfer.

Am Ende bereut man seinen guten Kopf
wie seine guten Werke und Worte.

Die meisten tun nicht mal Gutes, das ihnen gut tut

Wer mit wenig glücklich ist, hat viel Glück

Wohltaten sind der beste Dank dafür.

Die Lebensmitte ist der Wiege ferner
als dem Grab.

Zur Last zu fallen, belastet sehr und mehr.

Entweder lesen dich noch nicht viele
oder nicht mehr viele. Sei unverkäuflicher,
schreib für klügere Köpfe!

Umweltbildung ist unbewusste Verblödung,
Dummheit aber keine unbewusste Klugheit.

Man braucht Güte oder Bonität. Ein gutes
Gewissen ist schon gewissenhaft gewissenlos.

Bis zu Kant dachte ein Philosoph nicht nur
an sich.

Zielscheiben senden Kugeln nicht auf den Weg.

Kinder fühlen sich schon erwachsen, Greise noch
jung und keiner so zeitlos wie Nummern.

Rätsel : Sind Geldgeber bessere Unratgeber?

Ah, Phorismen und Antiphorismen

Das Land vereint, alle Ehen geschieden.

Descartes dachte so tief,
als existierte er tatsächlich.

Greise sind noch nicht weg, aber wegweise.

Die besten Essays bestehen fast ganz aus
Aphorismen, und ein Aphorismus ist nur
ein besonders kurzer Essay in einem Satz.

Gutes Gewissen wird mit Langeweile bezahlt.

Wir bankrotten uns zur Gemeinschaft zusammen.

Er ist Deutscher — für einen Dichter denkt er,
für einen Denker dichtet er ganz passabel.

Verzogene und Ungezogene ziehen
Wohlerzogene an und auf und runter.

Was ist raffinierter als das einfache Leben der
Reichen, was naiver als die intrigante Sophisten-
ironie der Rohkostrealisten?

Unendlich ist nur das unteilbare Elektron,
das sich null Mal durch Null teilen lässt.

Erdrückende Eindrücke zu unterdrücken,
ist merkunwürdig.

Verrat an dir selbst nützt dir mehr, doch bleib dir
treu und entwickle dich nicht weiter!

Gemeinschaft wirkt durchschnittlich,
Individualität neoliberal, Kosmopolitismus
globalisiert, pluralistische Freiheit verteilungs-
ungerecht, Gleichheit überreguliert,
und maßvolle Mitte mittelmäßig.

Als Lehrer wäre ich so ungeeignet, wie viele
wirkliche Lehrer mir vorkommen, doch als
Sprüchemacher so gut, wie viele sich dünken.

Der Krieg kämpft um den Frieden
mit Friedhöfen, der Friede arbeitet am Krieg
mit Produktionsschlachten.

Liebe deinen Nächsten wie dich selbst,
bis er dein Intimfeind ist.

Heimat, die nicht Brücke zum Ausland ist,
wirkt unheimlich wie verheimlichtes Ausland.

Im Anfang war das Echo des letzten Worts.

Stalin war schlecht. Aber der Mensch ist gut.
Und sei es nur im Unrechttun.

Eine Null, die noch so oft sich übertrifft,
wird nie unendlich groß oder klein.

Wir sind keine Atheisten, wir nennen Gott heute nur anders.

Paradiese, die wir uns selbst erschaffen, haben keine Schlangen, die wieder hinausführen.

Manche Bücher machen klüger oder dümmer, wenn man sie nur von außen ansieht.

Die einzigen Früchte von Rosen und Orchideen sind Lesefrüchte.

Von Realität handelt kein Roman. Das wäre zu langweilig oder unglaubwürdig.

Was hätte der achtzehnjährige Kant von seiner „Kritik der reinen Vernunft" verstanden?

Der Geistesblitz schlägt ins Gedankengebäude und zertrümmert es zu vielen Aphorismen.

Freund Hein rezensiert das Buch des Lebens.

Sozialismus heißt christlich, dass gegen den Kapitalismus gerade dessen globaler Sieg spricht.

Die Selbstverwirklichung der Gesellschaft verhütet deine eigene und ermöglicht deine Selbsterhaltung.

Unabhängigkeit heißt, dass alle Stricke reißen.

Narziss stiehlt den Buddhisten nur die Nabelschau.

Selbst Erfahrung hofft auf Hoffnungen, und Hoffnung lässt alle Erfahrung fahren.

Stand und Wohlstand kommen weiter als der aufrechte Gang, den der Fortschritt nicht braucht.

In Gesellschaft bist du dir selber der Fernste,
im stillen Kämmerlein ist dir jeder der Nächste.

Die Zeit kränkt die ewig Unverwundbaren.

Angegriffensein ist die schwächste Verteidigung.

Sein Stein fällt dem Weisen nicht vom Herzen
auf die Füße, er steigt ihm von Herzen zu Kopf.

Das Bauchgefühl ist wohl kopflos,
um nicht geköpft werden zu können.

Es verbietet sich von selbst, etwas sich selbst
zu gebieten und anderen zu erlauben.

Der Lebenslauf ist der Holz- und Dienstweg
vom aufrechten Gang zur regelrechten Laufbahn.

Ich bin eifersüchtig auf deine Eigenliebe
und liebe deinen Neid auf mich.

Geschlagen wird immer. Schlägt dein Herz und
Gewissen nicht mehr, schlägt deine Stunde.

Widersprechen heißt noch nicht widerstehen,
widersetzen und widerlegen.

Planung ist auf dem Vormarsch von A nach B,
Alphabet und Weltgeschichte von A nach O.

Kein amerikanischer Traum:
Vom Gehirnwäscher zum Pensionär.

Dem Kleinmütigen gehört die geistige Welt,
und der Mutige raubt sie ihm nicht.

Sorgst du für mein Leben vor dem Tod,
sorgt Gott für dein Leben nach dem Tod.

Der Unmensch hat seine Willens- und Gewissenslücken geschlossen und ist offen für sich.

Man fällt lieber von einem Mittelmaß ins andere.

Du hast dich oder Geld-und-mich in der Hand.

Ist Gottes Schweigen Gold, das zur Erde schreit?

Alle Schicksals-, Wind- und Hamsterräder
stehen still, wenn kein starker Arm es will.

Das Licht der Vernunft kommt nicht
von Windrädern.

Wer fliegt, ist häufig Opfer von Flügelstrafe.

Revolutionäre Wende um 90 ° : Ausweichler.
Revolutionäre Wende um 180 ° : Entweichler.

Untertanen, macht uns die Erde untertan!

Wer durchs Astloch der Holzwand Nackte
erspäht, hat oft auch ein Brett vorm Kopf.

Halt dir das Hintertürchen zur *Hinterwelt* verschlossen, wenn man dir die Vordertür eintritt!

Selbstkritik : Moderne Form der Selbstgefälligkeit,
da selbstgerechte Selbstjustiz verurteilt wird.

Ulysses kommt im Ausland zum Leben
und zurück zur Heimat zum Sterben.

Wie schnell die Zeit vergeht,
wenn man selber lahmer wird!

Vogel Strauß will mit dem Kopf in den Sand
durch die Wand zur Nachbarzelle.

Versäumter Widerstand gegen den Unrechtsstaat
lässt sich am Rechtsstaat leicht nachholen.

Grüne Mundwerke gegen Kraftwerke haben
das Tränenmeer unter den Ölteppich gekehrt.

Der Zaungast ist Zaunkönig. Warenkunde:
Der Stammkunde ist König Drosselbart,
der des Kaisers neue Kleider kauft.

Schweigen ist Gold, doch eigene Hammelherde
ist Goldes und der Rede wert.

Liebessport und -mord hält blutjung.
Man wird dabei nicht steinalt.

Lächerlichkeit tötet. Leichen lachen lustig weiter.

Freud : Abwehrpflichtige sind notwehrberechtigt.

Die Erde hat fünf Kontinente, einen für jeden
der fünf Sinne und fünf Finger des Menschen.

Als die zu gierigen Marsmenschen ausstarben,
hinterließen sie uns diesen toten roten Planeten.

Keiner raubt mich, aber ich stehle mich - davon.

Wer für dich gestorben ist,
kann immer noch Todesangst vor dir haben.
.

Träumt davon, aus Alpträumen aufzuwachen!

Das erblickte Licht der Welt hat eine Schatten-
seite: das Jenseits.

Streitgespräche enden mit dem Argument,
das nur die meisten für das beste halten.

Deine Lebensgeschichte lässt sich ungeschehen
machen. Sie wird dir unterstellt oder übersetzt.

Ein Darwin der Entwicklung der Unarten
hätte Goethes Faustrecht.

Philosophen streiten sich, ob sie sich überhaupt
einigen können, dürfen, müssen oder wollen.

Händeschütteln ist eine wirksame Handlung,
Kopfschütteln kein wirkliches Denken.

Ich bin praktisch besser als mein Opfer
und moralisch besser als mein Schinder.

Ein ausgeführter Reinfall heißt Tat,
ein überführter Überfall heißt Untat,
ein unausgeführter Einfall Bonmot.

Für'n Helden wirst du nicht genug angegriffen,
für'n Feigling nicht genug verteidigt.

Selbsterkenntnis heißt von sich befremdet sein.

Ich denke mir nichts dabei, *also bin ich* dabei.

Die Unendlichkeit ist die kürzeste Verbindung zwischen zwei Verstandpunkten, der springende Punkt die längste zwischen zwei Welten.

Hat ein Menschenfreund überhaupt Freunde?

Materielle Sicherheit ist fast so viel wert wie ein geistiges Armutszeugnis.

Ein Aphorismus definiert, was der Definition entgeht oder widerspricht.

Auch Bösewichte kommen in den Himmel, aber ewig nur einen Herzschlag lang.

Menschenunkenntnis ist noch keine
Unmenschenkenntnis.

Wer mir Satiren hinter die Ohren *schreibt,
der bleib*t ungelesen. *Wer* hundert Bewerbungen
schreibt, der bleibt arbeitslos. *Wer* einmal
Widersprüche *schreibt, der bleibt* Aphoristiker.

Infarkte reimen immer noch Herz auf Schmerz
wie schlechte Gedichte.

Nach Gedichten konnte man gut hinrichten
und nach Hiroshima wieder Gedichte lesen.

Jedes Weltbild scheint eine Karikatur,
getreu bis zur Unkenntlichkeit.

Hürden sind Zielscheiben fürs Leben,
Lebensziele sind Hürden fürs Ende.

Es gibt nur noch betriebseigene Völker.

Wer mich für ein Genie hält, hat Talent.
Wer den für ein Talent hält, hat keins.

Mannomamma. Musst du interessanter sein,
wenn ich dich langweile?

Logik ist die Moral des Wissens
und Moral die Logik des Willens.

„Was kost' die Welt?" fragst du.
„Was kostest du?", antwortet sie.

Qualitätssiegel brauchen selbst welche.

Drück mir nicht die Daumenschrauben!

Null ist unendlich klein,
Unendliches ein ungeteiltes Nichts.

Wirf den ersten Stein, der dir vom Herzen fällt!

Bildung ist mehr und anderes
als die Summe der Halbbildungen.

Das schöne Geschlecht ist die bessere Hälfte,
die vorm Spiegel zum ganzen Menschen wird.

Hat der Tod ein Sargbrett vorm weißen Schädel?

Ein schönes Vorderteil bringt mehr Vorteil
als ein schönes Hinterteil Nachteil.

Zuneigung kommt vor dem Fall,
doch Abneigung ist kein Anstieg.

Der Himmel ist ein Dachboden der Tatsachen,
denn Tiefsinn hat nichts als unterirdische Ideale.

Die Schwermut, die Armut, die Anmut,
die Großmut, der Kleinmut, der Heldenmut.

Der Wahrsager fällt Vorurteile
wie den Baum der Erkenntnis.

Machthungrige verschlingen Bildungshungrige,
Liebeshungrige und Wissensdurstige wie nichts.

Der Horizont hinterm Horizont hieß Himmel.

Wer Sätze statt Aufsätze *schreibt,*
der bleibt ohne Venia Legendi.

Tragen Väter heute weniger Kinder
als Konflikte mit ihnen aus?

Made in Germany now : Made im Speck.

Der Schoß der Mutter Natur und der Schoß
der Mutter Kirche wetteifern nicht mehr mit
dem Schoß der Gesellschaft um Menschenkinder.

Sterbliche sollten sich voneinander tunlichst
nicht mehr abgrenzen als von ihrem Schöpfer.

Ein Riesenstandpunkt ist so etwas
wie ein Weltallchen (Universlein).

Theorie (oder Praxis) : Was ist das (wert)?

Mein Wort will keine Leser verletzen,
sondern nur ihr dickes Fell zeigen.

+ + +

Kurzgeschichte des Aphorismus

Subjektiver Lektürebericht

Aphorismen sind kurze geistreiche Sätze, prägnant konzis formulierte Bonmots, isolierbar vieldeutige, s(pr)achpointierte Mikroprosa zwischen Bild und Begriff, Gefühl und Gedanke, Metapher und Metaphysik. Sie sind oft heruntergekommen zu seichten Gesinnungssprüchen und windigen Wortspielwitzeleien und sollten doch rehabilitiert werden als streng philosophischer Gehalt in literarischer Gestalt. Aber Aphorismen, länger als drei Sätze, bleiben als „Aufzeichnungen" oder „Essays" hier unberücksichtigt.

Was Traditionswert des klassischen Altertums genannt wird, sind wohl zu einem Gutteil lateinisch-griechische Sentenzensammlungen (Gnomologien).

Hippokrates wollte mit seinen empiristischen Heilregeln kurieren, *Heraklit* mit dialektischem Rätselspruch den gesunden Menschenverstand verwirren. „Das Leben ist eine Komödie für Denkende und eine Tragödie für alle, die fühlen." (Hippokrates)

Tacitus und *Seneca* schrieben zwar gar keine Aphorismen, förderten aber das konzise Stilideal.

Fr. Bacons „Novum Organum" rechtfertigte theoretisch vorweg, was B. *Gracians* „Handorakel" aphoristisch praktizierte, als er empiristische „traditio per aphorismos" gegen alle scholastische „traditio methodica" verteidigte.

„Manche mögen lieber die Ersten in der zweiten Klasse als die Zweiten in der ersten sein." „Viele verlieren ihren Verstand deshalb nicht, weil sie keinen haben." „Das Gute, wenn kurz, ist doppelt gut; und selbst das Schlimme, wenn wenig, ist nicht so schlimm." „Einigen macht ihr Posten Ehre, Andere ihm." (Baltasar Gracian)

Der Antijesuit B. *Pascal* schrieb Aphorismen, um Nichtchristen zu Christen zu machen, indem er die Religion gegen jeden cartesianischen Rationalismus rational verteidigte. (Der Bremer Protestant *Rudolf A. Schröder* schrieb für Christen und hörte auf, welche zu schreiben, als er begann, ein Christ zu werden, während *Chestertons* Aphorismen immer geistreicher wurden, je katholischer er selbst wurde.)
„Die Menschen sind so notwendig Toren, dass es auf eine andere Art töricht wäre, kein Tor zu sein." „Nichts ist der Vernunft so angemessen wie dies Nichtanerkennen der Vernunft." „Durch den Raum erfasst mich das Weltall und verschlingt mich wie einen Punkt, durch das Denken erfasse ich es." (B. Pascal)

Der Herzog *Larochefoucauld*, Frondeur gegen den Hofadel von Versailles, schrieb wenig genug, um nie Überdruss zu bereiten. Hätte er mehr geschrieben, hätte sein Thema, die Eigenliebe unter allen Tugendmasken, dafür nicht ausgereicht. Die Französischen Moralisten haben oft mehr Sach- als Sprachpointen, der Sprachwitz steht im Dienst der satirischen Reduktionspsychologie : *Dies* behauptet es zu sein, doch *das* ist es wirklich.
„Heuchelei ist eine Huldigung des Lasters an die Tugend." „Lieber sagt man Schlechtes von sich selbst als gar nichts." „Oft tut man Gutes, um ungestraft Böses tun zu können." (La Rochefoucauld)

Der kränkelnde und jungverstorbene Offizier *Vauvenargues* verfasste weniger Aphorismen über das

Laster in allen Tugenden als umgekehrt Euphorismen über die Tugend in den Lastern, und verteidigte nackte Gefühle gegen bloße Gedanken. Er stellte Affekt über Intellekt und Herz über Kopf.

„Wir entdecken in uns selbst, was andere uns verbergen, und erkennen in anderen, was wir vor uns selber verbergen." „Große Gedanken kommen von Herzen." „Aphorismen sind die Einfälle der Philosophen." „Hochmut tröstet die Schwachen." „Wir denken nicht so gut, wie wir handeln." (Vauvenargues, Luc de Clapier)

J. de La Bruyère beschrieb die „Charaktere" in Aphorismen und schrieb Aphorismen als Typen-Porträts in der Nachfolge Theophrasts. Der Konservative übersah dabei nicht das Elend der Bauern.
„Man will das ganze Glück des Geliebten ausmachen - ist das unmöglich, sein ganzes Unglück." „Der Weise meidet zuweilen die Menschen, aus Furcht, sich zu langweilen." „Man muss schon jeglichen Geistes bar sein, wenn Liebe, Bosheit und Not ihn nicht wecken." (Jean de La Bruyère)

„Krieg den Palästen, Friede den Hütten!" Der uneheliche *Chamfort* wurde ganz zu Recht bewundert von so unterschiedlichen Geistern wie Lichtenberg, Schlegel, Schopenhauer und Nietzsche. In der Revolution biss er die adlige Hand, die ihn gefüttert hatte, und die Bürger bedankten sich, indem sie ihn in den Selbstmord trieben. Hatte er nur die Ressentiments seiner vom Adel enttäuschten Mutter aphoristisch vollstreckt? Larochefoucauld verteidigte die schlechte Gesellschaft gegen die grausame Natur, Chamfort aber die menschliche und die grüne Natur gegen die gute Gesellschaft, sah in uns aber zugleich weniger Naturwesen als Sozialprodukte.
„Der Adel, sagen die Adligen, sei eine Zwischenstufe zwischen König und Volk, Ja, so wie der Jagdhund eine Zwischenstufe ist zwischen dem Jäger und dem Hasen." „Man glaubt nicht, wie geistreich man sein muss, um

niemals lächerlich zu werden." „Der Philosoph, der seine Leidenschaften ausrotten will, gleicht dem Chemiker, der sein Feuer löscht." „Das Geld ist sehr schätzenswert, wenn man es verachtet." (Nicolas Chamfort)

Montesquieu hatte seine republikanische Gewaltenteilung aus der „Germania" des Tacitus. Aphorismen schrieb er, ohne es zu wollen, als er nachgelassene „Pensées" über den „Geist der Gesetze" schrieb wie Canetti über „Masse und Macht".
„Der Krieg des Spartacus war der legitimste, der je unternommen wurde." „Wie ich in meinem Unglück auf die Götter vertraute, fürchte ich sie in meinem Glück." „Die freien Nationen sind zivilisiert, die in Sklaverei lebenden kultiviert." (Montesquieu)

Jouberts reizvolle Aphorismen der ‚Carnets' sind oft gar keine, sondern anregende Aperçus über les sciences et les beaux arts : „Sternbilder". Den konzisen stenographoristischen Stil hat er ausdrücklich gerechtfertigt als „Wurfgeschoß des Geistes".
„Die Welt sehen heißt, über Richter zu richten." „Der Geistreiche ist der Wahrheit sehr nahe." „Gott will, dass wir selbst seine Feinde lieben." „Lehren heißt zweimal lernen." (Joseph Joubert)

Théodore Jouffroy ist mit seinem „Grünen Heft" leider so gut wie nicht mehr bekannt.
„Man müsste Truppen an die Grenze des Todes verlegen, wenn die Unsterblichkeit bewiesen wäre, sonst würde die Armee der Lebenden desertieren." „Die Sinne nehmen die Welt beim Schwanz, die Vernunft beim Kopf, die Mitte entgleitet immer." „Trösten heißt, an den Egoismus erinnern."

Der Revolutionsflüchtling *Rivarol* ist trotz Ernst Jüngers Lob lesenswert bis heute.

„Die Liebe ist ein Raub der Natur an der Gesellschaft."
„Wir leben in einer Zeit, wo Unscheinbarkeit mehr schützt als das Gesetz und sicherer macht als Unschuld."
„Ein Buch, das man stützt, ist ein Buch, das fällt."

Die frühdeutsche Larochefoucauld-Rezeption bei Knigge, Lavater und Ehrmann z.b. ist heute wohl nur noch literaturwissenschaftlich interessant.

Lichtenbergs posthume Sudelbücher enthalten etwa 2000 gleichzeitig literarische und wissenschaftliche Aphorismen, die oft Satiren sind. Der Biedermeier-Forscher Fritz Sengle schrieb im Vorwort zu seiner eher sehr schmalen Lichtenberg-Auswahl: „Die Edelsteine verbergen sich auch hier in großen Massen geringeren Gesteins. Eine noch schärfere Auswahl wäre denkbar." (Stuttgart 1980) Das gilt ähnlich für die meisten übrigen Aphoristiker, deren Volltrefferquote weit entfernt von einhundert Prozent liegt.
„Wenn die Menschen plötzlich tugendhaft würden, so müssten viele tausende verhungern." „Wir, der Schwanz der Welt, wissen nicht, was der Kopf vorhat." „Es lässt sich ohne sonderlich viel Witz so schreiben, dass ein anderer sehr viel haben muss, es zu verstehen." „Zeit urbar machen." „Neue Irrtümer erfinden." (G. Chr. Lichtenberg)

J. G. Seume schrieb die politisch progressivste Aphoristik seiner Zeit. Dass diese politische Brisanz republikanischer Privilegienschelte zuweilen über eine mangelnde sprachliche Konzision hinwegtäuscht, verbindet ihn mit dem linken *Jochmann*.
„Wo keine Sklaven sind, kann kein Tyrann entstehen."
„Wer nichts fürchtet, kann leicht ein Bösewicht werden, aber wer zu viel fürchtet, wird sicher ein Sklave." „Die Gesellschaft gesteht uns oft zu viel zu, das tut sie aber für das Zuviel, das sie uns genommen hat." (J. G. Seume)

Was gut ist an *Goethes* „Maximen und Reflexionen", stammt oft nicht von ihm, und was von ihm stammt, ist zu oft unerwartet banal.
„Die christliche Religion ist eine intentionierte politische Religion, die, verfehlt, nachher moralisch geworden ist." „Innerhalb einer Epoche gibt es keinen Standpunkt, eine Epoche zu betrachten." „Man weicht der Welt nicht sicherer aus als durch die Kunst, und man verknüpft sich nicht sicherer mit ihr als durch die Kunst." „Alles wahre Aperçu kommt aus einer Folge und bringt Folge. Es ist Mittelglied einer großen aufsteigenden Kette." (J. W. Goethe)

Der „Demokritos" von *Karl Julius Weber* ist oft ein recht spitzes aphoristisches Zitatfeuerwerk.

Fr. Schlegels romantische Ironie ist Metaphysik der Metapher und Metapher für Metaphysik. Bei den Romantikern haben die metaphoristischen Selbstbezüglichkeiten und unendlich reflektierten Spiegelkabinette häufig zu große Textlänge, die die Pointe zerredet. *Novalis* schrieb „Blüthenstaub":
„Wer nicht sucht, wird bald nicht mehr gesucht."
„Wir suchen überall das Unbedingte und finden immer nur Dinge." "Jeder Satz muss einen selbständigen Charakter haben - ein selbständiges Individuum, Hülle eines witzigen Einfalls sein." „Manche Leute hängen wohl darum so an der Natur, weil sie als verzogne Kinder, sich vor dem Vater fürchten und zu der Mutter ihre Zuflucht nehmen." „Den Satz des Widerspruchs zu vernichten, ist vielleicht die höchste Aufgabe der höhern Logik." (Fr. Hardenberg)
„Witzige Einfälle sind die Sprüchwörter des gebildeten Menschen." „Ein Fragment muss gleich einem kleinen Kunstwerk von der umgebenden Welt ganz abgesondert und in sich selbst vollendet sein wie ein Igel." „Der Witz ist das Prinzip und Organ der Universalphilosophie."
(Fr. Schlegel)

Die „Chrestomathien" aus Werken *Jean Pauls* sollten auch gegen Frickes gattungstheoretische Bedenken wieder aufgelegt und die ungedruckten sechs Aphorismenkonvolute endlich herausgegeben werden nach 200 Jahren : Ein Skandal. Seine Aphorismen verbinden Poesie und Philosophie wie Idylle und Satire auf vorbildliche Weise, auch im Roman.
„Sprachkürze gibt Denkweite." „Man hat die Furcht nur, um hoffen zu können." „Die meisten reden origineller als sie schreiben." „Ein Buch ist für das Volk ein Stück Kirche oder Religion." „Der erste Bettler nach einer Feuersbrunst bekommt am meisten." (Jean Paul Richter)

F. Hebbel schrieb pointiertere Tagebücher als der weichere Goethe-Epigone *Grillparzer*:
„Einfälle sind die Läuse der Vernunft." „Die Welt will nicht Heil, sondern einen Heiland." „Mit Blitzen kann man die Welt erleuchten, aber keinen Ofen heizen."
„Eigensinn ist das wohlfeinste Surrogat für Charakter." (Friedrich Hebbel)
„Das Gesetz straft das Verbrechen, die Natur die Ungeschicklichkeit." „Was der Staat dem Verhungernden gibt, muss er dem Hungernden nehmen." „Wenn jemand meinte, die Bäume wären da, um den Himmel zu stützen, so müssten sie ihm alle zu kurz vorkommen." (Franz Grillparzer)

H. Heines Aphorismen sind Pariser Esprit auf Deutsch, oft witzig verpuffende Gags ohne weiterentwickelbare Vieldeutigkeit und Verweisungsvermögen.
„Luther erschütterte Deutschland - aber Francis Drake beruhigte es wieder : er gab uns die Kartoffel."
„Die Toren meinen, um das Kapitol anzugreifen, müsse man zuerst die Gänse angreifen." „Die Gesellschaft ist immer Republik - die einzelnen streben immer empor, und die Gesamtheit drängt sie zurück." (H. Heine)

Schopenhauer war eher Essayist als Aphoristiker und verachtete die Konzision um jeden Preis als witzlose Spielerei auf Kosten des Gedankens. Seine "Aphorismen zur Lebensweisheit" sind alles, auch alles Gute, aber keine Aphorismen, es sei denn, man zitiere daraus besonders pointierte Sentenzen.
„Die unbestimmte Sehnsucht und Langeweile sind einander verwandt." „Was dem Herzen widerstrebt, lässt der Kopf nicht ein." „Der Tod versöhnt den Neid ganz, das Alter schon halb." „Man lernt nur dann und wann etwas; aber man vergisst den ganzen Tag." (Arthur Schopenhauer)

Fr. Nietzsche schrieb die bisher klügsten Philosophorismen, obwohl der selbstgefällig pathetische Verkünderton des Pastorensohns häufig nur peinlich wirkt. Die aggressive Entlarvungspsychologie ist ein reflexiver Fortschritt hinaus über die Moralpsychologie von Larochefoucauld und Chamfort. Seine weitschweifige Redseligkeit widerstreitet aber oft seinem eigenen Drang zur lakonischen Prägnanz.
„Kein Sieger glaubt an den Zufall." „Die Strafe hat den Zweck, den zu bessern, welcher straft." „Freigiebigkeit ist bei Reichen nur eine Art Schüchternheit." „Jedes Wort ist ein Vorurteil." „Der Asket macht aus der Tugend eine Not." „Der hat keinen Geist, der ihn sucht." (Friedrich Nietzsche)

Seine adlige Bewunderin *Marie von Ebner-Eschenbach* ist die einzige Frau unter den Großen der Gattung. Von ihren 500 entwicklungsfähig schlichten Aphorismen mit Widerhaken wirkt etwa jeder dritte als Treffer, und diese Quote ist überraschend hoch.
„Wenn man ein Seher ist, muss man kein Beobachter sein." „Die glücklichen Sklaven sind die erbittertsten Feinde der Freiheit." „Die Welt gehört jenen, die sie haben wollen, und wird von jenen geschmäht, denen sie gehören sollte." (Marie von Ebner-Eschenbach)

Vor lauter Angst, die Wahrheiten den Pointen zu opfern, opfern sie die Pointen leicht ihren Binsenweisheiten: *Raabe, Klinger, Feuchtersleben, Gutzkow, Gött* und *Hauptmann,* wie viele andere der zweiten Garde im 19. und frühen 20. Jahrhundert. „Es fällt immer ein erste Schneeflocke, was für ein Gewimmel später kommen mag." „Es tötet nichts so sicher als das Leben." „Die Menschen sind nur allzu häufig imstande, wenn das Lebendige unter den Toten erscheint, das erstere für ein Gespenst zu halten." (Wilhelm Raabe) „Jeder wahre Gedanke trägt das Universum in sich, und keiner spricht es aus." „Der vollendete Schein lässt sich nur durch das Sein erzielen." „Dichter, welche sich in Sentenzen und Betrachtungen zu ergehen lieben, haben meist ein reicheres, inneres Leben, aber nicht die Kraft, es zu gestalten." (Feuchtersleben) „Bitter ist es, das heute zu müssen, was man gestern noch wollen konnte." „Es ist ein glückliches Gefühl, für einen Hass, den wir bis dahin nur instinktmäßig nährten, plötzlich einen triftigen Grund zu haben." „Ein ganzes Unglück verdrießt uns nicht so sehr wie ein nur zur Hälfte eingetroffenes Glück." (Karl Gutzkow) „Materie ist die Hartnäckigkeit der kleinsten Lebewesen." „Wer zu spät kommt, sieht nach der Uhr." „Wer rudert, sieht den Grund nicht." „Lachen ist Ausdruck der gekitzelten Eitelkeit." (Wilhelm Busch) „Was man der Handlung gibt, nimmt man den Charakteren." „Wahrheiten dürfen nicht dicht beieinanderstehen, sonst verbrennen sie." „Man darf nicht das Gras wachsen hören, sonst wird man taub." (G. Hauptmann) „In tausend Sklaven stecken 999 Sklavenhalter!" „Man glaubt zu glauben, aber auch zu unglauben." „Am feinsten lügt das Plausible." (Emil Gött)

An der Zeitenwende kann vor allem *Emanuel Wertheimer* überzeugen mit hoher Volltrefferquote. „Geist ist die Jugend des Alters." „Wer älter aussehen will, als er ist, suche jünger zu erscheinen!" „Erst wenn man alt wird, verstünde man so recht jung zu sein."

Karl Kraus hat sehr gute bösartige und viele andere Aphorismen geschrieben, die häufig schlechter sind als sein Ruf. Die Umkehrung von Sprichwörtern und Redewendungen ist oft zu billige Mechanik und der Sinn für verletzende Schärfe manchmal eher angestrengt als scharfsinnig. Er träumt vom reinen und harten Wort, er will die verhurte Sprache der Presse wieder unschuldig machen. Frauen finden, dass sein Frauenlob nach Männerphantasien stinkt. Sein Intimfeind *Anton Kuh* gehört aus dem Schatten von Kraus heraus in eine Anthologie des Erstbesten unter den zweitbesten Aphoristikern.

„Das Familienleben ist ein Eingriff ins Privatleben." „Der längste Atem gehört zum Aphorismus." „Nicht alles, was totgeschwiegen wird, lebt." „Er zwang sie, ihr zuwillen zu sein." „Eine der verbreitetsten Krankheiten ist die Diagnose." „Meine Sprache ist die Allerweltshure, die ich zur Jungfrau mache." „Zu allen Dingen lasse man sich Zeit, nur nicht zu den ewigen."
„Die Medizin : Geld her und Leben!" (Karl Kraus)

E. Canetti steht zu seinem später bekämpften Idol Kraus beinahe wie der positive Vauvenargues zu seinem negativen Vorbild Larochefoucauld. Aber bei ihm geht es nicht gegen die Phrasenpresse, sondern um jeden Preis mit Chinesen und Tieren gegen den Tod und jedes System. Gedankenexperimente liebt der Chemiker wie der Physiker Lichtenberg, aber die Ideen sind oft genug originell und witzlos oder witziger und weniger originell.

„Manches merkt man sich bloß, weil es mit nichts zusammenhängt." „Er hat die herzlosen Augen eines über alles Geliebten." „Die großen Aphoristiker lesen sich so, als ob sie alle einander gut gekannt hätten." „Die Photographie hat das Ebenbild zerstört." „Man kann nicht atmen, es ist alles voll Sieg." (Elias Canetti)

Aphoristischer Antitotalitarismus : Die Polen haben politische Gnomik erst scharf und zur bittersten Sklavensprache gemacht. *Stanislaw J. Lec* schrieb die besten unter den kürzesten Aphorismen des 20. Jhs. Manches lässt sich heute nach fünfzig Jahren nicht kürzer, aber raffinierter fassen, denn jede Reflexionsstufe wirkt ja vor der nächsthöheren wieder naiv. „Jede präzise Definition der Welt müsste ein Paradox sein." „Ein Volltreffer : keinen Menschen treffen." „Falsche Propheten erfüllen ihre Prophezeiungen selbst." „Die Herausforderung will herausgefordert werden." „Dummheit befreit nicht vom Denken." „Wann kam das Ziel selbst zum Ziel?" „Auch zum Zögern muss man sich entschließen." „Nicht sein, sondern denken, denken, denken!" „Es braucht große Geduld, sie zu lernen." (Stanislaw Jerzy Lec)

W. Brudzinski, oft der bessere Seume, blieb zu unbekannt mit „Roter Katz" und „Katzenjammer".
„Nachricht : Ich warne vor Scylla. Charybdis."
„Oft gehen zwei Idioten eine Vernunftehe ein." „Begehe Fehler, die Zukunft haben!" „Ich kapituliere - aus Furcht vor dem Sieg." (Wieslaw Brudzinski)
„Bedenke, bevor du denkst" versammelt eine recht bauchbare Auswahl polnischer Aphoristiker:
„Welt : Die Selbstverteidigung Gottes gegen das Nichts." „Tod: Welt minus Individuum." (Stefan Napierski)
„Am treuesten ist der Hund, auf den der Mensch kommt." „Bekannter : ein Mensch, den wir gut genug kennen, um etwas von ihm auszuleihen, aber nicht gut genug, ihm etwas auszuleihen." (Julian Tuwim)
„Thesen sehen oft aus wie Synthesen." „Schablonen siegen immer." „Liebe ist ein Sakrileg auf Gegenseitigkeit." „Auch Dummheit ist eine Art, seinen Verstand zu gebrauchen". (Karol Irzykowski)
„Nur der Selbstgenügsame ist frei." „Wer die Sonne lieben will, muss sein wie die Sonne." „Wenn jedes Denken nur Überbau ist, ist es am besten, nicht zu denken." „Glück ist ein Synonym für rücksichtslose Anpassung." (Stanislaw Brzozowski)

P. *Valérys* „Rhumbs" enthalten nicht weniger scharfe Bonmots als scharfsinnige Beobachtungen, vieles aber ist kotextuell wirklich zu wenig isoliert und zu essayistisch weitschweifig, ähnlich wie bei W. *Benjamin* und bei dem Schweizer *Ludwig Hohl*. Valéry ist der einzige französische Aphoristiker dieses Jahrhunderts von Rang, und es ist sehr unverständlich, warum Franzosen seit J. Joubert den aphoristischen Staffelstab nie wieder ganz an sich gerissen haben. Sogar Paul *Valérys* vielgerühmte „Cahiers" sind nicht alles gleichwertige Gedankenexperimente. Die Auswahl der „Windstriche" könnte noch schärfer getroffen werden wie Lichtenbergs „Sudelbücher", um mal den qualitativen Kernbestand herauszustellen. Hebbels Tagebücher ergaben „Läuse der Vernunft". "Denken! Das heißt den Faden verlieren." „Selbst wenn er fragt, ist der Geist Antwort." „In sehr kurzen Texten erreicht die Wirkung des geringsten Details die Größenordnung der Gesamtwirkung." „Die Sprache hat das Denken nie zu Gesicht bekommen." (Paul Valéry)

Hofmannsthal schrieb so wenige gutpointierte Saillies wie seine Freunde *Schröder* und *Schnitzler*, dessen innerhalb der Komödien pointierte Bonmots nicht immer ganz auf eigenen Füßen stehen könnten.
„Wenn der Hass feige wird, geht er maskiert in Gesellschaft und nennt sich Gerechtigkeit." „Der Trotz ist die einzige Stärke der Schwachen - und eine Schwäche mehr." „Es ist keine Höflichkeit, einem Lahmen den Stock tragen zu wollen." „Schüttle ein Aphorisma, so fällt eine Lüge heraus und eine Banalität bleibt übrig."
(Arthur Schnitzler)
„Tun ist sich aufgeben." „Die Anekdoten des Chamfort sind reizend, aber dass er sie alle aufschreiben konnte, degradiert ihn." „Wir haben keine neuere Literatur. Wir haben Goethe und Ansätze." (Hugo von Hofmannsthal)
„Magna Mater : (auf deutsch) des Teufels Großmutter." „Ästh-Ethik." (Rudolf Alexander Schröder)

Chr. Morgenstern ist als Aphoristiker nicht nur an den „Galgenliedern" zu messen und in seinen (anthroposophischen) „Stufen" auch zu entdecken. „Alles Denken ist Zurechtmachen." „Der Duft der Dinge ist die Sehnsucht, die sie uns nach sich erwecken." „Man kann wohl sagen, dass das Geschlecht zwei Drittel aller möglichen Geistigkeit auffrisst." (Christian Morgenstern)

Es lohnt sich ja, aus Adornos dichtgewebten Essays die konzis geschliffenen Reflexionen herauszupräparieren, um sie nun zu Aphorismen zu isolieren. Seine Essays bestehen fast ganz aus Aphorismen. „Wahr sind nur die Gedanken, die sich selbst nicht verstehen." „Bei vielen Menschen ist es bereits eine Unverschämtheit, wenn sie Ich sagen." „Der Splitter in deinem Auge ist das beste Vergrößerungsglas." (Theodor Adorno)

Adornos Lob der individuellen Petitessen ist eine philosophische Rechtfertigung des Aphorismus, den er selbst weniger praktiziert hat als sein Schüler *H. Schweppenhäuser*, dessen oft etwas überanstrengte Reflexionen den Meister gelegentlich fast überbieten. Aber er schrieb philosophische, Adorno als der Erbe Nietzsches, Benjamins und Valérys nur literarische. „Zu der Zeit, als die Kinder noch Schutzengel hatten, waren die Lehrer ihre Schutzteufel." „Die Kultur ist das Alibi der Barbarei, das diese schon nicht mehr nötig hat." „Kultur ist etwas wie die Verabredung der Beteiligten zu verschweigen, dass sie keine ist." (Hermann Schweppenhäuser)

Hans Kudszus in seiner Nähe zu Adorno ist verbesserungswürdig nur dort, wo er mit Banalitäten nicht immer ganz auf dem Reflexionsniveau seiner Zeit ist. Der spätere Kudszus wurde dialektischer.
„Wenn wir uns verstehen, müssen wir uns falsch ausgedrückt haben." „In der Schwermut entdeckt das Denken seine Sinnlichkeit." „Wenn wir die letzte Maske ablegen, verlieren wir unser Gesicht." (Hans Kudszus)

Noch weniger konzis pointierte Aphorismen als *Benjamin*, Adornos spiritus rector, in seiner „Einbahnstraße" hat Bloch in den „Spuren" geschrieben.
„Der Ausdruck der Leute, die sich in Gemäldegalerien bewegen, zeigt eine schlecht verhehlte Enttäuschung darüber, dass dort nur Bilder hängen." „Glücklich sein heißt, ohne Schrecken seiner selbst inne zu werden." „Der Blick ist die Neige des Menschen." (Walter Benjamin)

Bei der wie bei Leibniz überfragmentierten Schreibweise *Wittgensteins* läge das etwas näher: „Nur wenn man noch viel verrückter denkt als die Philosophen, kann man ihre Probleme lösen." „Der Gruß der Philosophen unter einander sollte sein: Lass Dir Zeit!" „Beim Philosophieren muss man ins alte Chaos hinabsteigen, und sich dort wohlfühlen." (Ludwig Wittgenstein)

Vom irischen Sozialisten *G. B. Shaw* gilt, was von Heine gesagt war, und vieles, was damals mit dem Kopf durch die Wand gesagt war, rennte heute offene Türen ein, Gott sei Dank für die Realität und schade für den Aphorismus. Seine Aperçus wären zu exzerpieren wie die seines christlichen Gegenspielers Chesterton.

Wenn es im 20. Jahrhundert einen aphoristischen Nachfolger Pascals gibt, dann nicht den Protestanten Schröder, sondern den Katholiken *Chesterton*, bei dem christliche Apologie gerade nicht auf Kosten der aphoristischen Würze und Pointe geht.
„Der wahre Glanz der Jugend liegt darin, dass sie ganzen Weltraum für sich hat, um die Beine auszustrecken." „Über welche anderen Dinge als über ernste Dinge kann man denn Scherze machen?" „Das Leben ist zu erhaben, um genossen zu werden." (Gilbert K. Chesterton)

Chestertons geheimer katholischer Zwilling ist der sehr feine Kolumbianer Nicolas *Gómez Dávila*:

„Der höchste Aristokrat ist nicht der Feudalherr auf seinem Schloss, sondern der kontemplative Mönch in seiner Zelle." „Das einzig Sinnvolle ist, Gott mit unseren Gebeten starrsinnig zu belästigen." „Die wahre Lektüre ist Flucht. Die andere Beruf." „Die Synthese sollten wir Gott überlassen." (Nicolas Gómez Dávila)

Kirchenkritiker *Deschners* linke Gesinnung ersetzt nicht immer das aphoristische Können. Auch der deutsch schreibende Tscheche *Gabriel Laub* verblüfft durch allerlei Mittelmäßiges unter pointiert Gelungenem. Der aphoristische Narziss streicht nicht gern, und dieses Nebeneinander von Raffinade und Simpliziade ist bei Aphoristikern häufig zu finden. Kurz : Linksliberale sind oft politisch sympathischer, aber Konservative aphoristisch stringenter.

„Vorsicht - auf einer Kugel ist alles abschüssig!" „Geist ist imitierbar, Mut nicht." „Sicher an der Erlösung ist nur der Erlös daraus." „Demut ist nur eine Form von Rache." (Karlheinz Deschner)

„Gibt es heute noch Gründe, gründlich zu sein?" „Feige sind die anderen. Ich bin besonnen." „Theorien werden aus praktischen Gründen erfunden." (Gabriel Laub)

„Die Selbstbedienung hat die Selbstbeherrschung als soziale Tugend abgelöst." „Der dritte Weg ist die Sackgasse." „Das einzige Privileg des Alters: die sozialen Sanktionen greifen nicht mehr." (Johannes Gross)

Hans Arndt und *Hans Kasper* waren vor der APO von 1968 ja politisch genug, heute wirken sie oft harmlos prätentiös, und vieles ist eher gutartig als gut. Das Beste sollte, wie bei vielen zweitrangigen Aphoristikern, in ein Taschenbüchlein zusammengezogen werden, um es vor nur Gutgemeintem noch zu retten. „Die Niederlage der Großen sind ihre Nachfahren." „Nonkonformismus ist die maulende Abhängigkeit von den herrschenden Thesen." „Es ist ein Missverständnis, die Gedankenfreiheit bis zur Unabhängigkeit vom Verstande voranzutreiben." (Hans Kasper)

Nicht nur Aphorismen wären zu kürzen, sondern auch und vor allem die Aphorismensammlungen. Aphoristiker zweiter Güte haben nicht nur zweitklassige geschrieben, sondern zu wenige gute unter zu vielen minderen. Ihre jeweils besten Sprüche wären da behutsam auszuwählen, um sie gegen ihre Verfasser zu verteidigen. Nur so gibt es Überlebenschancen für das Beste der Zweitbesten, etwa auf der Kippe zwischen Tradition und Moderne:
„Grundsätze hat jeder dort, wo er Herr ist." „Reife muss nicht gleich in Säure übergehen." „Wenn die Menschen sich nicht aushalten, unterhalten sie sich miteinander." (Richard Schaukal)
„Gerechtigkeit ist nur in der Hölle; im Himmel ist Gnade, und auf Erden ist das Kreuz." „Es sind immer nur die Schwachen, welche die Schwachen verachten." „Von Gott verlassen ist man auch bei Gott." (Gertrud von Le Fort)
„Dem Staat gehört die Straße, aber nichts weiter." „Das Antlitz der Natur ist der Mensch." „Nur das Werk ist Glück - alles andere ist Reizung." (Georg Kaiser)
„Nichtstun mehrt den Frieden der Welt." „Das Werdende hat immer den Anschein des Gesetzlosen." „Der Beweis fügt einer Wahrheit nichts hinzu." (Friedrich Jünger)
„Sie reden von Brüderlichkeit, schaffen´s aber nur bis zur Kumpanei." „Ein gefallener Apfel liegt leichter als ein Wurm, der ihn zu Fall gebracht hat." „Nicht weil es dort Sonne gibt, reizt mich der Süden, sondern weil es dort angenehm ist, im Schatten zu sitzen." (Martin Kessel)
„Wir sollten aus keinem Gedanken mehr machen, als er aus uns macht." „Wer ganz Ohr ist, hört nicht." „Es ist leichter, zehn praktische Gedanken zu fassen, als einen theoretischen, und wiegt auch dementsprechend weniger." (Moritz Heimann)

Ausnahmen sind Musils ambivalente Aphorismuseinstellung und auch Kafkas „Bildaphorismus". Im Alter hat Musil ihn weniger erfolgreich praktiziert als theoretisch gerechtfertigt für Romanfragmente.

„Aphorismen sollte nur einer schreiben, der große Zusammenhänge vor sich sieht." „Der moderne Mensch ist feig, aber er lässt sich gern zum Heroismus zwingen." „Nicht das Genie ist 100 Jahre seiner Zeit voraus, sondern der Durchschnittsmensch ist um 100 Jahre hinter ihr zurück." (Robert Musil)
„Der Weg ist nur ein Zögern." „Wer sucht, findet nicht, aber wer nicht sucht, wird gefunden." „Wer glaubt, kann keine Wunder erleben. Bei Tag sieht man keine Sterne." „Psychologie ist Ungeduld." (Franz Kafka)

Zwischen Weimar und Bonn überzeugen nur *Felix Pollak* und *Werner Kraft* mehr als Sprüchemacher wie *Bertram, Werfel, Benz, Strauß, Margolius*.

Sein Vorbild Vauvenargues hat *Wilhelm von Scholz* nicht lange davor bewahrt, sich politisch zu kompromittieren, wenn er nicht nur Gefühle vor Gedanken schützte, sondern auch das Blut vor dem Kopf.

Joachim Günther ist wohl der bessere *Erich Brock*, und beide sind Verächter der billigen Effekthascherei und des leeren Aperçus, hier zu Recht, dort oft nur aus Ressentiment : Oft feinste Beobachtungen, aber dann zu oft humanistisch zerredet.
„Mein Körper steckt eher in mir als ich in ihm." „Ein sehr gesundes Alter hat auch etwas Obszönes." „Das Auge ist auch ein Organ zur Verhinderung von Erkenntnis." (Joachim Günther)
„Wenn man mit dem Widerspruch spielt, wird man leichtsinnig wie ein Anatomiediener mit dem Leichengift."
„Meistens brauchen die Glücklichen keine Religion. Früher sah man darin einen Einwand gegen das Glück, heute einen gegen die Religion." (Erich Brock)

Tucholskys „Schnipsel" sind die witzigeren Aphorismen eines Heine des 20 Jahrhunderts, aber auch voll „linker Melancholie" wie bei Erich Kästner, Walter Benjamin hat es eingeklagt.

„Nie geraten die Deutschen so außer sich, wie wenn sie zu sich kommen wollen." „Jeder historische Roman vermittelt ein ausgezeichnetes Bild von der Epoche des Verfassers." „Wegen ungünstiger Witterung fand die deutsche Revolution in der Musik statt." (Kurt Tucholsky)

H. v. Doderers Wörterbuch „Repertorium" ist aphoristischer als der oft übervertrackte „Innere Erdteil" von Albert Paris Gütersloh : Die schlechten ins Töpfchen, die guten ins Köpfchen. Er überragt andere Österreicher wie H. Eisenreich und Hans Lohberger.
„Jeder Mensch, der nur seinen Charakter realisiert, ist dämonisch." „Die Dummheit spielt leben." „Jederzeit besuchsfähig zu sein, dies ist das comme-il-faut der Intelligenz." „Leben. Im Grunde : es wird uns ein fremder Hut gesetzt auf einen Kopf, den wir noch gar nicht haben."
„Schreiben : Über dem Abgrund schweben, gehalten nur von der Grammatik." „Für den überwiegenden Teil der Menschen ist die Musik ein angenehmes Mittel, ihre eigene Plattheit zu pathetisieren." (Heimito von Doderer)

Der Schweizer *Hans Albrecht Moser* verweist seine Landsleute Hohl, Broch und Rychner auf ihre Plätze. Hohls Eskapismen wirken oft hohl, aber auch Moser zerredet manche möglichen Pointen.
„Krankheit und Schwäche machen treu." „Wir können reden, mit wem wir wollen, wir meinen immer einen anderen." „Armut entblößt uns von den Mitteln, unseren Charakter zu verbergen." (Moser)

„Das teuflische Wörterbuch" von *A. Bierce* ist witziger, aber dafür wohl philosophisch etwas gehaltloser. Es enthält gute Bösartigkeiten und böse Gutartigkeiten nebeneinander wie feine Sottisen.
„Sanftmut : Ungewöhnliche Geduld bei der Planung einer wirklich lohnenden Rache." „Anders : Auch nicht besser." „Selbstsüchtig: Bar der Rücksicht auf die Selbstsucht anderer." „Beifall : Echo auf eine Platitude." (Ambroise Bierce)

Die Sarkasmen von *Oscar Wilde*, englischer Larochefoucauld des 20. Jahrhunderts, sind nicht bloß glatte Sahnebonmots, sondern originäre Salonaphorismen, als es schon gar keine Salons mehr gab, und triftiger als ihr ressentimentgeladener Ruf.
„Nur Heiliges verdient es, berührt zu werden." „Zeit ist Geldverschwendung." „In dieser Welt gibt es nur zwei Tragödien. Die eine ist, nicht zu bekommen, was man möchte, und die andere ist, es zu bekommen." „Demokratie ist nichts anderes als das Niederknüppeln des Volkes durch das Volk für das Volk." (Oscar Wilde)

Zu viele Aphorismen von *Peter Hille* sind so harmlos gütig wie die von *Margolius*. Der vergessene *Heinrich Waggerl* wirkt noch ergiebiger:
„Sogar das Wasser im Kruge meint, es müsse ein Loch im Bach hinterlassen haben, als es geschöpft wurde." „Heutzutage hat keiner genug, weil jeder zu viel hat." „Auf dem Markt der Welt kann jeder billig kaufen, der sich mit dem Unbezahlbaren begnügt." (H. Waggerl)

Aus *Schnurres* „Schattenphotograph" wären die Aphorismen zu exzerpieren, ebenso das Beste von kabarettnäheren Sentenzenschleifern wie *Schneyder, Hassenkamp, Lembke, Rolfs* und anderen.

Der pointierte Stil des Individualisten *Ludwig Marcuse* macht manche seiner Essays fast zu Aneinanderreihungen von scharf(sinnig)en Aphorismen.

Cioran pflegt gerade von notorischen Optimisten leicht überschätzt zu werden in seinem charmantem Kokettieren mit schwärzester Melancholie.
„Skepsis ist die Eleganz der Angst." „Ein Buch ist ein aufgeschobener Selbstmord." „Existieren ist ein Plagiat." „Grauen ist Zukunftsgedächtnis." (E. M. Cioran)

Der naturwissenschaftskritische Biochemiker *Erwin Chargaff* ist am Chemiker Canetti zu messen. „Vielseitig ist eintönig." „Allende fällt, Kupfer steigt." „Die Falle macht die Ratte." „Ohne Sklaven keine Freiheit." „Nicht jeder Mist ist ein Dünger." (E. Chargaff)

Renard konnte seine Tagebuchgedanken für seinen Geschmack nie kurz genug machen, für Sartre war er aber immer zu kurz angebunden wie ein Bauer. „Das indiskrete Schweigen der Diplomaten." „Ein Mann von Charakter hat keinen guten." „Den Rosen ist das Blut zu Kopf gestiegen." „Überall sein und in einem stillen Winkel." „Sterne. Bei Gott brennt Licht." (Jules Renard)

J. von der Wense ist ein zu wenig beachteter Aphoristiker, der allerdings recht selten pointiert: „Das Dunkel illustriert den Ton." „Die Erde ist ein Stern. Wir leben im Himmel." „Aus China kam die Weisheit. China besitzt die größte Militärliteratur." „Nach oben streben wir. Die Tiefe strebt nach uns." (Jürgen v.d. Wense)

Beim Slowenen *Z. Petan* ist linker Sarkasmus etwas zu oft vermischt mit nur witzelnd Gewitztem. „Glück wird meist von Unglücklichen verkauft." „Ich kenne einen Gott, der für Honorar als Teufel arbeitet." „In der Wüste ist schon ein Unkraut eine Oase."

Ob Kafkas „Bildaphorismus" in the long run eine fruchtbare Alternative zum „Begriffsaphorismus" von Kraus darstellt, sei hier offen gelassen.

Die Zunahme von allerlei „Mischformen" an den Gattungsgrenzen spart sich zu oft die Arbeit des Verdichtens und geht auf Kosten der konzisen Prägnanz. Lichtenberg wollte mit der Nadelspitze weisen, wo er bisher nur mit dem Stock gezeigt hatte.

Anders als zünftige Forscher würden ja Leser Aphorismen nicht gern beschränken auf das, was eine „Autorintention" selbst so deklariert hat, sondern auch aus Gesamtwerken gepflückte „Chrestomathien" vor dem Vergessen und Überlesen retten wollen. „The best of X" wird immer so subjektiv sein wie die Aphorismen selbst, aber fast allen würde es gut tun, stärker gesiebt zu werden. Der Leser muss streichen, wo der Narzissmus der Autoren zurückschreckte. Das Buch „Wer gut abschneidet, kastriert" schlägt am Beispiel von Joubert, Seume, Schlegel, Nietzsche und Kraus einige hochkondensierte Kurzanthologien vor.

In vielen Büchern schlummern ja versteckte Einzelsätze, die gut auch ohne ihren Kontext auf eigenen Füßen stehen könnten und die es behutsam herauszulösen gälte, bevor das Buch zu Recht dem Vergessen überantwortet würde. Den Ausschlag geben sollte allein die Qualität, Originalität und Brillanz dieser isolierbaren Einzelpassagen. Jeder Leser kann sein eigenes Florilegium anlegen, aber auch berufene Fachleute sich an diesem verdienstvollen Rettungswerk beteiligen mit geschultem Blick für hochwertigere Sentenzraritäten. So ließen sich bessere Bücher aus hunderten von Büchern zusammenstellen, immer höher kondensierte Extrakte und Exzerpte, wie sie sich Jean Paul schon erschuf. Die Bibliotheken der Welt mündeten dann in künstliche „Gnomologien", erzprofessionell oder amateurdilettantisch komponiert. Selbst belanglose fiktionale Texte enthalten gelegentlich kostbare nichtfiktionale Silberrippen, die ihre zu Staub zerfallenden Mumien überleben könnten. Und jede Textlektüre sollte auch eine Jagd und Fahndung nach solch dekontextualisablen und aphorismierbaren Singularitäten sein. Alles Schreiben ist aphoristisch, schrieb Derrida etwas übertrieben, aber das wäre wahr, wenn er nicht so viele schlechte Aphorismen enthielte, von denen der Text zu befreien wäre, um die Goldkörnchen aus Schuttbergen herauszuwaschen. Wenigstens jeder Essay sollte eine strukturelle Konstellation aus triftigen Aphorismen sein, wenn auch mehr und anderes als jede seiner Einzelsentenzen. Der ideale Essay besteht nicht aus Sätzen, sondern aus Aphorismen, deren jeder wieder ein besonders kurzer Essay ist, und manche Aufsätze und Abhandlungen ließen sich auch als essayistische Fundgruben dafür gebrauchen. Ein höherstufiger Essay besteht fast ganz aus aphoristischen Essays, wie manche Texte Adornos dem sehr nahe kommen. Würde dieses Stilideal als Spiel ernst genommen, würden weniger Bücher geschrieben als gelesen. Die Anzahl der Bücher würde schrumpfen, d.h. die Zahl der guten steigen, kommt es doch weniger auf einen Gattungspurismus an als auf die Bonmotqualität.

Gegenwartsaphoristik noch lebender Autoren, die durch etwas erhöhte prozentuale Volltrefferquoten auffallen, sollte später einmal ausgewertet werden.
Als bedeutendster gilt nun *Elazar Benyoetz*, der in seiner Sprachmystik vielleicht etwas zu vieles wörtlich nimmt, nicht nur das Wort Gottes. Interessant wäre, was anerkannte Schriftgelehrte zu diesen neuen Anwärtern von „Apophthegmata Patrum" sagen.
„Humor - Leichtsinn der Schwermut." „Denken - Scheinwerfen." „Alle Siege werden davongetragen."
„An Gott glauben - auf seine Unsterblichkeit verzichten."
„Spruchreif - widerspruchwert." „Glänzend - scheinbar."

Franz Czernin bietet permutative Satzvariationen, die oft Zufallsgeneratoren von Computern zu entstammen scheinen. Nicht bei allen mechanischen Begriffskombinationen lässt sich Gescheites denken, und der Autor könnte selber stärker aussieben.

Kultur heute : E oder U, Top oder Pop?

Seit ich weiß, daß es so etwas wie Kultur gibt oder gab oder geben sollte, höre oder lese ich unentwegt, daß kaum etwas dringender sei, als sie zu befreien aus einem zum Mausoleum verkommenen Pantheon unsterblich langweiliger Werte und religiöser Gesetzestafeln. Die großen Werke der Kunst und des Geistes seien den Klauen einer herrschsüchtigen Clique von puritanischen Kulturverwaltern und unverbesserlichen Innerlichkeitsaposteln zu entreißen, um dann allen unbefangenen Menschen zurückgegeben zu werden. Ganze Gelehrten- und Feuilletonistengenerationen scheinen gut zu leben vom Daueraufruf zum Jahrhundertwerk dieser Hochkulturdemokratisierungsaktionen. Ständig wird so getan, als seien noch immer ein Gipsgoethe und ein Marmorschiller von den Pietätssockeln einer sklerotischen Nationalkulturreligion zu stürzen, eine priesterliche Expertenmagie zu entzaubern, eine fatigante Denkmalskunst zu depodestieren und der Patinastaub der Zeitalter zu blasen von ödesten Klassizismen und Klassifizierungssystemen. Nur : Wer und wo sind sie, die Gralshüter der höheren Weihestätten? Trotz eifriger Recherchen bin ich nie einem einzigen solcher Monstren an kalter Hochkultur begegnet und trage Zweifel, ob es sich nicht um ein Fabeltier handelt aus der demagogischen Gruselkiste. Rennt einer mit diesem schrecklichen Verdacht nur offene Türen ein oder ins Messer eines vorletzten Tabus? Die ehemals unsterblichen Werke des Geistes, vermodern sie nicht eher in den Verliesen der Vergessenheit, als außerhalb allzumenschlicher Reichweite auf Wolken erhabener Berührungsverbote zu thronen? Daraufhin vorsichtig angesprochen, weist jedermann entrüstet und peinlich berührt von sich, das Geringste zu tun zu haben mit den lächerlichen Sakralwelten vergangener Muff-Epochen. Es ist längst heillos veraltet, diese verachteten Dinge auch nur kritisch noch zu „*hinterfragen*".

Kultur, das heißt heute bestenfalls, eine Kultur zu kritisieren, die es gar nicht gibt und auch kaum je gab. Die Monarchie ist abgeschafft, aber die Kaiser tragen immer neue Kleider. Warum zeigen sie sich nicht, warum stellen sie sich nie zum Kampf, wo sind sie denn geblieben, die aus der Kunst angeblich eine letzte Religion und Herrenmoral und einen elitären Initiationsritus gemacht haben? Hinter welchen repressiv autoritären Klassikerbüsten und Sentenzenkanons halten sie sich versteckt, die mit ihren geistigen Marterwerkzeugen ganze Jugendgenerationen sadistisch zu verkrüppeln wußten? Es muß sie geben oder doch wenigstens früher einmal gegeben haben, da das Abschreckungsritual ja bis heute funktioniert, schließlich traut sich an Goetheschiller niemand mehr heran. Hat überhaupt je ein Sterblicher ihre in den Himmel gemeißelten Worte zu Richtlinien seines Erdenlebens gemacht? Ist diese Mär von der veredelnden Attraktion der Kulturgüter selbst eines jener nicht totzukriegenden Kulturgüter, die es zu demontieren gälte?

Wo sind sie denn, die noch auszusprechen wagen, daß Shakespeare und Hegel eben nicht Menschen waren wie du und ich, und daß Amadeus Mozart zwar gern das Wort „Scheiße" gebraucht haben soll, welche Erleichterung für uns, aber daraus etwas mehr zu machen verstand als die Scheiße, die wir selber bauen.

Wenn ich auch nur einen einzigen dieser Hochbildungsbürger des *Geistesadels* finden könnte, der dauernd verachtet, gelächert und dialektisch-materialistisch abgetakelt wird! Malträtiert wurde ich jedenfalls nie von ihnen, sondern immer nur von denen, die mir einreden wollten, wir würden von ihnen malträtiert und nun endlich befreit. Befreit uns von denen, die uns von Kant und Schiller befreien wollen! Jeder kennt diese Heroen nur vom Hörensagen aus dem Munde ihrer erbitterten Gegner, die sie auch nie gelesen haben, und sehnt sich gar nicht nach ihrer furchtbaren Bekanntschaft. Hoffentlich befreit uns einer dieser Ritter des Geistes eines Tages von ihren philanthropischen Widersachern, die den Kulturbetrieb aufrechterhalten. So richtig an der Macht wie ihre heute überaus siegreich prominenten Todfeinde können sie unmöglich gewesen sein. Und zurück zu Ur-Opas Kultur sehne ich mich nicht, weil sie früher einmal herrschte, sondern weil es sie vermutlich nie gegeben hat, weil sie immer nur ein holdböses Gerücht gewesen sein muß, das unter seinen bis heute schwachbrüstigen Bekämpfern nie zusammengebrochen wäre. Gegen welche Windmühlen rennen unsere Donquichotes heute an, und war die Gefahr, Schiller zu seinem Aftergott zu machen, zu groß geworden für manchen Bürger oder nur für Schriftstellerkollegen in ihrem Selbstbehauptungswillen gegen einen Überrivalen? Aber warum rücken multikulturelle Feuerwehren und Seuchenkommandos zu immer neuem Fehlalarm aus? Wie hoch im Kurs, nicht nur bei einigen spinnerten Außenseitern, muß die „idealistische" Kultur gestanden haben, daß sie bis heute Eindämmungskampagnen auslöst, als handle es sich um akut epidemische Volksaufstände, die da niederzuknüppeln sind. Hat dieser *deutsche Idealismus* wirklich lebensuntauglich genug gemacht, die schnöd materiellen Hintergründe jeder Kunstproduktion und -rezeption interessenpolitisch zu ignorieren?

Gab es wirklich je eine Zeit,, die ihre obszönen Innereien hinter „schöner Innerlichkeit" gefällig versteckte, damit wir sie enttarnen können? Ach, diese sagenumwoben ausgestorbenen Anhänger der Geistesdinosaurier, was würde ich an Rockmusikplatten und Comic-Heften dafür hergeben, auch nur einem einzigen in Fleisch und Blut über den Weg zu laufen. Geht das nur deshalb nicht, weil die, dem Vernehmen nach, blut- und bodenlos verkopft gewesen sein sollen? Was habe ich von einem Künstler gesagt, wenn ich sage, er sage mir nichts? Wozu kann dir eine Kunst dienen, in deren Dienst du dich nicht lebenslänglich verzehrst, ob nun produktiv oder als Connaisseur?

Was soll es dem nützen, der sich in das Eigenleben eines Werkes nicht wirklich hineinentfremdet? Trotz aller Kreuzzüge gegen den selbstgenügsamen Ungeist der Onanie, gab und gibt es ihn denn, den überfeinen Ordensclub hohepriesterlich blasierter und moraleifernder Kenner und Könner der Kultur voll klassischer Bildung, griechisch-römisches Altertum bis hin zu Goethe und George?

Ich wäre von Herzen selbst lieber einer dieser Bildungsbürger, von denen ich keinen überlebenden mehr auftreiben kann, als einer ihrer Erzfeinde, die aus der Not ihrer unbelesensten Selbstverblödung die herostratische Tugend vollgeistiger Weltentrümpelung machen. Diese erzidealistischen Pappkameraden von anno dazumal fristen ihr Dasein wohl nur in Büchern, die beweisen wollen, wie überflüssig und schädlich Bücher sind. Das waren noch Zeiten, als in der Literatur exemplarische Bildungsgänge und kathartische Schicksalstragödien von der göttlichen Würde des einsamen Individuums gesucht wurden. Heute verhindert die reflexhafte Forderung nach »Sozialrelevanz« alles, was sie anmahnt. »Textproduktion« soll proletarische Solidität vorgaukeln und ist doch selbst nur jene amusische Banausie, die sie bannen möchte. Diese »entkunstete Kunst« hat natürlich mit aller Künstlichkeit auch jedes Leben verloren; wer hat etwas anderes überhaupt erwartet? Und als gäbe es das noch, wird immer noch Sturm gelaufen gegen Literatur als Ikonographie der Beutegesellschaft, gegen die Rechtfertigungskunst der Tyrannen und gegen das ästhetische Lebkuchenherz einer herzlosen Welt. Die Werke sollen sich gefälligst auf mein Niveau herabbemühen, statt hochmütig auf mich herabzusehen, heißt es noch immer, als gäbe es solche Werke in volksschädlichem Ausmaß anderswo als in der Trivialliteratur. Gegen repressive Hochkultur, die es nie gab, werden massiert aufgeboten die Analphabetisierungsstrategien der *Popmoderne*. Statt Bücher gibt es *unabgehobene* Authentizitätsverständigungstexte mit Gefühlsechtheitssiegel und Antikonzeptionsgarantie und Selbsteinbringungsrezepten, Sozialisationsnachhilfekurse, psychotherapeutische Mitmachwerke für multinarzißtischen Genderbeziehungsfilz.

Hier trumpft die Buchphobie auf als unangekränkelt weltläufige Überlebenstüchtigkeit voll unverkopfter Naturschutzheiligkeit. Die antiautoritäre Pose, sie könnte ja Schaden nehmen an ihrer Selbstgefälligkeit, verweigert die Unterwerfung unter die Eigendisziplin der geistigen Gebilde von Rang, ein Rang, der als solcher schon für antidemokratische Restriktion gilt. Dabei wird geflissentlich übersehen, daß den Herren der Welt weniger der gute alte Bildungsbürger, den niemand beerben will, in den Kram paßt als der so viel wartungsfreundlichere Analphabet mit seinen voll überwachten Befehlsempfangsstationen *Smartphone* und *PC*. Selig die Zeiten, als es wenigstens noch Halbgebildete gab, die sich von klassischen Autisten gut verhöhnen ließen, locker vom Stubenhocker.

Die Leseratten- und Buchstaubkultur hatte im Ernst nie eine Chance, sie war von Anfang an nur der Lieblingspopanz der Leibesertüchtiger und Naturalisten. Der sich als Naturschutz aufspielende Horror vor Kultur verschaffte der puren Selbstverwahrlosung nur ein bequem generalisierbares Alibi. Inzwischen ist das „unveräußerliche" Menschenrecht auf freiwillige Selbstmanipulation mehr als erkämpft an allen Fronten, die so tun, als sei da etwas zu kämpfen gewesen. Wir sind so kultiviert, alles, was wir angreifen, Hochkultur zu nennen, weil wir es angreifen und weil es uns zu hoch ist. Daß sie nicht im Elfenbeinturm entstanden sind, ist den heutigen Büchern leider allzu klar ins Gesicht geschrieben. Hinter den Bildungsbürger fällt der Besitzbürger soweit zurück, wie er sich über ihn hinausdünkt. Nicht, daß er die Kulturwerke zu Selbstzwecken idolatrisierte und fetischisierte, war ihm ja vorzuwerfen gewesen, sondern daß er genau das eben *nicht* tat, sondern sie als Schmuckornamente seiner überengagierten Geschäfte mißbrauchte. Das berüchtigte Prinzip L'art-pour-l'art als Naturanwalt ist bis heute genau jene soziale Utopie geblieben, der es angeblich nur im Wege steht, und vor Korruption und Dienstverpflichtung ist heute keine Vision sicher, die keine Kunst um ihrer selbst willen ist. Auch objektive Wahrheit braucht Erkenntnis um ihrer selbst willen und keine „erkenntnisleitenden Interessen", und Philosophie ist entweder reines l'art pour l'art oder pure Ideologie. Wenn doch die Autoren zusammen mit ihren Lesern im Elfenbeinturm der Werke säßen, statt auf der Straße nur die Parteien auszurufen, die sie nehmen. Bücher, die nicht mehr wert sind als die richtigen Standpunkte, die sie vertreten, sind wertlos. Einige Gewitzte haben daraus nun schon wieder den nicht minder falschen Schluß ziehen wollen, daß es doch genüge, umgekehrt Bücher voller

Unmenschlichkeit und Lüge zu schreiben, um Autoren ästhetisch gelungener Bücher zu sein. Eine Literatur der guten und schönen Gefühle mag eine bloß gutgemeinte Literatur sein, wie André Gide sagte, aber eine Literatur, die sich darin gefällt, das Gute böse und den Teufel einen lieben Gott zu nennen, ist nicht nur schlechtgemeint, sondern wirklich schlecht und nicht nur böse auf eine böse Welt.

Bis hierher unterscheidet sich die säuerliche Philippika noch wenig von bekannt altjüngferlicher Kulturkritik. Wo gar der physische Weltuntergang beschworen ist, wird das Gefuchtel mit dem Untergang des Abendlandes zu einer kraftlosen Marotte typischer Anschlußverpasser. Ein Schuh wird aus der altbacken geschmäcklerischen Bildungsnörgelei nicht ganz mitgekommener Hintersassen auch erst dann, wenn in dieser Neuen Massenblödheit kein Naturprodukt oder Ergebnis freier Wahlen gesehen wird, sondern das Ziel einer Langzeitstrategie professioneller Volksverwahrlosungsspezialisten : Für die neuen Philanthropen geht es darum, die Zielgruppe Volk auf Pop-Niveau zu halten oder wieder zu bringen, um Es wieder mit ihm machen zu können, von links wie von rechts.

Wer aus der Geschichte lernen würde, müßte keine Geschichten mehr machen oder erzählen. Frei nach Wittgenstein : Was man nicht erklären kann, das muß man erzählen, und was sich erklären ließe, das müßte nicht mehr erzählt werden. Erzählt wird nur, was nicht mehr verstanden wird und – um es nicht kapieren zu müssen. Was immer wir vergessen oder verdrängt haben, muß erzählt werden in all seiner Undurchsichtigkeit. Alles was heute dunkel und verworren ist, war geschichtlich schon einmal hell und klar gewesen. Objektiv kann nicht mehr erzählt werden, heißt es, weil die Welt unverständlich geworden sei. Umgekehrt wird ein Schuh daraus: Es werden

Geschichten erzählt werden, gerade weil und solange die Geschichte gefälscht oder mißverstanden wird. Es gibt keinen »allwissenden Erzählergott« mehr, sagen die Literaturwissenschaftler. Das bedeutet, daß der Schriftsteller so wenig wie seine Figuren mehr weiß, worum es geht; jede Person zeigt sich in ihre Wahnvorstellungen ratlos verstrickt. Historisch wurde der Roman geboren, als Gott, der die Wahrheit selbst ist, für den Menschen - ganz unchristlich - gestorben war. Georg Lukacs sagte, der Roman sei die Epopöe einer gottverlassenen Welt, in der der Romanautor nicht mehr weiß als seine irregeleiteten Helden. Wer die Welt nicht mehr versteht, liest und schreibt Romane und geht ins Theater. Der schöne Schein hat nichts mit dem einzig Wahren zu tun, das Kunstwerk ist Gefühlsgymnastik und kein Gedankengebäude. Seine Wahrheit besteht darin, daß es so viele Wahrheiten wie fingierte Figuren gebe und das Realitätsprinzip sich in Fiktionen auflöse. Bestenfalls trainiert die Kunst subjektive Möglichkeiten, weil sie keine objektive Wirklichkeit kennt. Romane handeln von Untaten und Tatenlosigkeiten und nicht von Tatsachen. Kunst kommt von Können und nicht von Kennen oder Erkennen, sie ist ein Index der schönen Unwissenheit und Rätselratlosigkeit von Menschen, die vergessen haben, was ihre Vorfahren noch wußten und immer gewußt haben. Sie zeigt nicht das Unerklärliche, sondern was heute nicht mehr klar ist, aber der Vorzeit längst klar gewesen ist. Erzählte Geschichten wollen nichts davon wissen, daß das Wissen aus der Geschichte zu beziehen wäre; ihre Bekenntnisse dessen, was es nicht gibt, sperren sich gegen Erkenntnisse, die es immer gab. Kunst ist kein Refugium des immer Unerklärlichen, sondern des persönlich oder historisch Verdrängten. Sie hebt die Verdrängungen nicht auf, sondern spielt mit ihnen und stellt sie dar.

Für Unwissende ist es unterhaltsam, anderen Unwissenden bei ihren Irrfahrten zuzusehen. Der »allwissende Erzählergott« von früher war einfach nur der Mensch, der weiß, wovon er redet, das Geschehen deuten kann als Konstellation von Himmel und Erde und praktische Konsequenzen daraus zieht. Wer die Welt nicht mehr versteht, stellt gern ein Bildnis zwischen sich und die Welt, um sich den Blick darauf zu verstellen. Leibniz und Hegel wußten noch, daß das vollkommen Kunstschöne eine recht unvollkommene Wahr-nehmung des Wirklichen ist, eher eine schöne Verwirrung als eine bittere Klärung. Der sinnliche Vorschein der Wahrheit ist ein mehr oder weniger wahrscheinlicher bloßer Schein, der nicht die Klarheit des Begriffs erreicht, aber die Lebendigkeit der schönen Bilder. Wer die uralten Schriften fälscht oder mißversteht, zieht es vor, seine Einbildungskraft literarisch auszubreiten und sich in der Unwissenheit häuslich einzurichten. Er verwechselt das nicht mehr Begriffene mit dem Unbegreiflichen. Philosophie ist Liebe zur Weisheit, also schön ausgestaltete Unwissenheit wie die Kunst. Kunst macht sich ein Bild von der Welt, um sich keinen Begriff von ihr zu machen, und Gotteserkenntnis macht Kunst zu dem, was sie ist: ein schönes Spielzeug für Erwachsene. Sie macht aus der Not der Ignoranz die Tugend der schönen Täuschung, und nur Wissen enttäuscht diese Illusion.

Kunst gestaltet ja kein *noch nicht* Kapiertes, sondern eher ein *nicht mehr* Kapiertes.

+ + +

Hohe Kunst und Seelentiefe

Goethe hielt seine Werke für autobiographische Fiktionen, für „Bruchstücke einer großen Konfession". Sartre dagegen schrieb als Bauchredner Flauberts über ihn und seinesgleichen : »Wer schreibt, versteckt sich.« Freud bekannte, die Psychoanalyse verdanke der Weltliteratur viele ihrer Grunderkenntnisse. Sie habe nur das wirklich begriffen, was dort wirklich ergriffen habe, und von Dichtern sei auch weiterhin für Psychologen mehr zu lernen als von Psychologen. Seit ästhetische Gebilde psychoanalysiert werden wie Kranke auf der Couch des Klinikers, als verschlüsselte Botschaften des Unbewußten der Autoren und ihrer Zeit, ist der Streit nicht abgerissen, ob Kunstwerke nur Projektionen unbewußter Triebkonflikte ihrer Schöpfer seien oder mehr und anderes. Sind Psychoanalytiker die besseren Kunstkritiker und Literaturwissenschaftler? Geht Belletristik, fachgerecht traumgedeutet, in Freuds Kategorien restlos auf, oder sind Gedichte, Schauspiele und Romane mehr als chiffrierte Illustrationsbeispiele fachpsychologischer Theoreme, mehr als freudianische Kreuzworträtsel? Konkurrenz erwächst dann vor allem aus der *werkimmanenten* Interpretation durch linguistische Strukturalisten eines *New Criticism* und aus gesellschaftskritischen Deutungsverfahren, die seit dem Zusammenbruch des Sozialismus allerdings an Bedeutung verloren haben. In ihnen verpuppt sich weiter der alte Wettstreit zwischen l'art-pour-l'art und littérature engagée.

Die psychoanalytische Hermeneutik muß sich sagen lassen, sie nehme erstens die genuine Sprache der Sprachkunstwerke nicht ernst genug, und sie verkürze zweitens die Kunst auf ein »nur subjektives Zeichensystem für nur subjektive Regungen«. Kurz:

Die beiden wichtigsten rivalisierenden exegetischen Methoden werfen den Psychopathographen der Kunst vor, deren objektives Moment zu unterschätzen, die Objektivität des künstlerischen Mediums, der artistischen Produktionsmittel und der gestalteten Realität – sie würden die literarische Objektivierung subjektiver Zustände wieder zurückschrauben auf die Subjektivität des Produzenten und suchten das Resultat zu erklären aus seiner Genese heraus, die in ihm untergegangen sei, die Form also wieder aus dem Rohstoff zu gewinnen. Beschränken wir uns einmal auf Literatur. Adorno hat in seiner »Ästhetischen Theorie« (Frankfurt a. M. 1970, S. 19 ff.) versucht, Recht und Grenzen psychoanalytischer Kunsttheorie aufzuzeigen: sie rücke nur ans Licht, was an Kunst nicht kunsthaft sei. Das konvergiert mit Freuds Bescheidenheit, sein Seziermesser reiche heran an Inhalt, Technik, Sujet und Gehalt, nicht aber an das Wesenskonstituens von Kunst, an Form und Stil. Dabei übersah er, daß beides so reinlich sich nicht trennen läßt. Künstlerische Kreativität hielt Freud für ein ungelöstes Rätsel. Im allgemeinen erkennen Analytiker recht gut, warum jemand schreibt. Die Gründe dafür, *daß* er schreibt, kapitulieren aber vor dem ästhetischen Rang dessen, *was* einer schreibt und warum er gerade diese und keine anderen Bücher so und nicht anders schrieb und was sie eventuell der Mittelmäßigkeit enthebt. Es gibt keine rein psychologischen Kriterien, etwa gute von schlechter Literatur zu unterscheiden, und das ist ihre Crux und ihr Handicap und relativiert wohltuend ihren Totalitätsanspruch im Methodenwettstreit.

    Nach Freud sind alle Kunstwerke illusionäre Wunscherfüllungen und literarische Texte Fragmente aus dem phantasierten „Familienroman" des Autors. Marthe Robert etwa sieht den „Ursprung des Romans" im Roman über den Ursprung des Schreibers, in den

Phantasmagorien über seine Herkunft aus der Urszene elterlicher Vereinigung, geheimer mütterlicher Untreue, verborgener feudaler Abstammungen etc.

Weiß der Schriftsteller also nicht, was er tut, muß der Psychoanalytiker es ihm erst sagen, und wäre das so schlimm? Danach spinnt der Autor ständig am Roman seiner Herkunftsfamilie weiter, verteilt intrapsychische Instanzen auf fingierte Protagonisten und projiziert nur die unbewältigte Dynamik seiner Konflikte zwischen Es und Überich auf den imaginären Großbildschirm der leeren Schreibmaschinenseite vor ihm. Wo er über die Stellung seiner erfundenen Helden zur Welt spricht, spreche er in Wirklichkeit nur über die Konstellation seiner Ichfragmente zu Selbst- und Objektrepräsentanzen seiner frühen Kindheit, die jeder als etwas Absolutes zu leben gezwungen sei. Die verinnerlichten Imagines der ersten Bezugspersonen werden in der literarischen Textobjektivierung nur »re-externalisiert« in den imaginären Gefühlsraum, in dem meine Identifikationsangebote sich dann treffen sollen mit den unbewußten Bedürfnisdispositionen meiner Kunden, die durch ähnliche frühkindliche Sozialisationsformen hindurchgegangen sein mögen.

So verständigt sich das Unbewußte des Autors und das seiner Klientel miteinander durch den Kunstgriff der gleichzeitig aufdeckenden und wieder verschleiernden Darstellung hindurch. Der gute Anschein objektiver Welthaltigkeit entsteht laut Freud nur durch die Intersubjektivität des Fingierten, durch den vorbewußten Konsens darüber, was wir lieben und was wir hassen wollen. Wenn der Leser ausruft: *So ist es!*, dann hat er seine verschwiegenen Wünsche und seine Ängste in denen der Erzählfiguren wiedergefunden, durch Empathie. Die Kunst des Autors bestehe darin, den Konsumenten mit seinem eigenen Unbewußten kommunizieren zu lassen, aber nicht direkt in jener angsterregend an die Gurgel springenden Form, die vom Kliniker auf der Couch abzufangen ist, sondern schonend vorgefiltert durch chiffrierende literarische Techniken, die jedes Unerträgliche mundgerecht machen, die das Uneingestehbare tolerierbar zubereiten, ohne es verdrängen zu helfen, aber auch ohne den Leser mit der Pistole auf der Brust zwingen zu können, daß er die verdrängten Rationalisierungen seiner Verdrängungen endlich aufgibt oder auch nur einbekennt.

Der Gnom und Kindmann Oskar Matzerath in Günther Grassens Roman »Die Blechtrommel« ist der Erwachsene, der seine Infantilität voll auslebt und Narrenfreiheit genießt, unter deren Schutz er seine Beobachtungen macht und seine Spielchen treibt. In dieser Kunstfigur und nur in ihr erträgt und goutiert der Rezipient die Konfrontation mit seinen eigenen sonst unbewußten, weil realitätsgerecht weggehemmten Begierden nach primärnarzißtischer Omnipotenz und präödipaler Anarchie. Dieser artifizielle Aufwand war wenigstens noch Anfang der Sechzigerjahre nötig, um den Bildungskleinbürger nicht panisch beschämt vor sich selbst zurückzucken zu lassen. Der Künstler verdrängt nicht, aber er lebt auch nicht aus, was verpönt ist; er drückt es aus, aber nicht nackt, wie Haß und Begierde selbst sind, er sagt es durch die jeweilige Blume seiner Zeit, und die heißt heute etwa: cunt & prick & motherfucker. Das ist so wenig die Sache selbst und nackte Tatsache wie vor Freud das schmachtende Erröten über die turpia naturalia, sondern die neue Prüderie der gefallenen Hüllen, und hat die Erotik der FKK- oder Klinik-Sterilität, vom Warencharakter ganz zu schweigen. Das Erotische ist ja noch immer das größte Tabu, gerade in seiner desodorierten Freigabe und seinem Zwang zur sportitiven Ungezwungenheit in der alternativfreien Vollentsublimierung. Tabu sind weiter der ur-narzisstische Größenwahn der Infantilen, sadomasochistische Phantasien und fetischistische Fixierungen; nichts aber ist tabuisierter als die Notwendigkeit, das Ungeschlachte zu kultivieren statt zu verleugnen oder auszutoben. Nach Freud beginnt Kunst auch nicht mit der Protzentlarvung des Unbewußten, sondern mit seiner Verschleierungsform. Dabei hat der Künstler vor uns nur voraus, daß bei ihm schon *vorbewußt* ist, was bei uns noch tief *unbewußt* ist, daß er vorbewußtes Material schon spielerisch freier umorganisieren kann zu neuen Kontexten, es also unbewußter Bearbeitung angstfreier überlassen kann, als wenn es aus der Verdrängtheit heraus unser Erleben hinterrücks undurchschaut verzerrt und klischeehaft verfälscht, in starren Wiederholungszwängen, die Freud als Todestriebe diagnostizierte, Mechanismen ohne alle Innovationsspielräume, voller übermächtig unbewußter Schuld- und Scham- und Strafängste, auch Trennungs- und Verstoßungspanik eingerechnet. So lassen etwa Kafkas sadomasochistische Phantasien, die oft als Vorwegnahme der KZ-Welt verstanden wurden, den Schrecken noch genießen, ohne deshalb aufzuhören, den Appetit zu verderben. Eine der psychoanalytischen Kunstquellen ist narzisstische Allmachtsphantasie : eine Welt nach eigenem Willen zu schaffen, bis hin zu einer besseren als der erlittenen, Weltschöpfung und Weltvernichtung wenigstens auf Papier, in Stein oder in Tönen.

Das geheimste Motiv jedes Künstlers, der Ruhm, ist so narzisstisch, wie es dialektisch umgekehrt wahr ist, daß dieser Ruhm ja nur zu haben ist, wenn der Künstler den Riesenumweg macht, in seinen liebeshungrigen Werken einigermaßen altruistisch den narzisstischen Hunger seiner Umwelt zu befriedigen. Er exhibitioniert sich in seinen phallischen Produkten, will nur durch sie hindurch geliebt sein und immer neu die Angst überwinden, von kritischen Ur-Teilen kastriert zu werden. Dabei gilt es mit dem Vorurteil aufzuräumen, der Künstler müsse neurotisch sein, ein wahnsinnsgefährdetes Nervenbündel, ein »Sonntagskind der Versagung, das es in Romanen und Symphonien los wird«. Lawrence Kubies Geniehypothese hebt vielmehr darauf ab, daß ein Künstler groß sei nicht kraft seiner Neurose, sondern gegen sie, als Arbeit an einem Pfahl im Fleisch, einem objektiven Widerstand. Das Neurotische oder Psychotische beflügelt also den Pegasus nicht, sondern lähmt ihn eher. *Daß* er schreibt und diese »heilloseste aller bürgerlichen Einsamkeiten« frei wählt, mag ohne des Autors gestenreiche Realitätsflucht unerklärlich bleiben, aber *was* er schreibt, wird befördert nur von seiner relativen Verfügungsgewalt über das vorbewußte Material, nicht von seiner Determiniertheit durch die stereotypen Klischees des zwanghaft Unbewußten.

Freud sagte einmal, daß ein Autor bewiesen habe, keiner zu sein, wenn er nach seiner Psychoanalyse zu schreiben aufhören würde. Leider begeben sich nur wenige Dichter, von den Denkern ganz zu schweigen, auf Freuds Fach-Couch. Kafka und Rilke schreckten zurück aus Angst um ihre kreative Potenz.

Der Künstler drückt sich und die Emotionen seiner Abnehmer auch dadurch aus, daß seine Expressionen die Erben der den Eltern einst stolz geschenkten Exkremente sind. Nicht umsonst erinnert die Tintenfeder des Autors ans pissende Zeugungsorgan. Nicht abwegig ist auch der feminine Gebärneid des männlichen Literaten, der Bücher in die Welt setzt wie Mütter ihre Kinder, nachweisbar etwa bei Rilke. Laut Freud sublimiert nun der Künstler seine unauslebbare Infantilität zu »sozial höher bewerteten Tätigkeiten«, Natur zu Kultur und den Triebverzicht zu Kunststücken, mit »Ruhm, Geld und Liebe der Frauen« als „narzisstischer Prämie". Adorno hielt gegen diese »philiströse« Ansicht, daß alle Kunst, die heute zähle, ausnahmslos asozial sei und dem Bürger in die fette Suppe spucke; er zieh Freud der bourgeoisen Banausie. Ich fürchte, daß Freud gegen Adorno hier Recht behält : Selbst die dissonantesten Werke, welche die Negativität der Erfahrung in der verwalteten Welt kompromißlos festhalten, selbst Samuel Becketts Stücke etwa sind durchaus salonfähig mit ihrem sinnentleerten Universum, in dem das Ende der Welt zelebriert wird, das kein Ende nehmen will. Becketts blutige Clowns werden masochistisch genossen in ihrer Ungenießbarkeit, und ihr Aneinandervorbeiquasseln wirkt auf heutige Kulturanalphabeten wie belebender Esprit. Wer durch ein Kunstwerk betroffen ist, ist nie betroffen genug, um sich zu ändern, weil es die Freiheit des Angesprochenen ungeschoren lassen muß, sich hinter seine Abwehrmechanismen zurückzuziehen, wenn es ernst wird. Der Krankheitsgewinn des Konsumenten wird immer größer sein als sein Leidensdruck, der ihn das Buch aufschlagen läßt. Kunst ist die Psychoanalyse derer, die sich vor ihr noch drücken können, weil ihr Leiden unter dem Gesellschaftsprinzip ständig umschlägt in homosexuelle Liebe zu ihren Gruppenführern, für die sie sich hemmungslos selber ausbeuten.

Die Ohnmacht der Kunst ist die Ohnmacht des Beherrschten nicht vor der Gewalt, sondern vor der Freiheit des Unterdrückten, sich mit dem Aggressor zu identifizieren. Der Künstler macht den psychischen Widerstand gegen den Widerstandskampf gesellschaftsfähig für die Verdrängungselite, er kann den Widerstand gegen Zwänge ja nicht erzwingen. Kunst macht gar nichts bewußt, sie erinnert nur daran, daß hartnäckig etwas vergessen wird, und hält sensibel, um das Leiden an Verlusten nicht zu verlieren.

Sie ist auch das Symptom, dessen Auflösung sie ist und an dessen Ursachen sie doch nicht heranreicht. Sie unterdrückt nicht den Leidensausdruck des Individuums und kann doch die Ursachen des Elends nicht erkennen. Adorno weist der Philosophie die Aufgabe zu, den schlafenden Gehalt der Kunstwerke, das Verhältnis zum Stand gesellschaftlicher Produktivkraftentwicklung, auf den gültigen Begriff zu bringen, sie also aus der sinnlich täuschenden Hülle des Augenscheins zu befreien, ohne sie auf Musterschablonen so abzuziehen, wie jeder Einzelne unter die Allgemeinheit umstandslos subsumiert werde. Man sollte hinzufügen, daß Kunstwerke und nicht Künstler es sich gefallen lassen müssen, psychoanalysiert zu werden, um die latenten Tagtraumgedanken hinter den manifesten Kunstformen freizulegen. Nun wird jeder Autor und Kunstliebhaber einwerfen, es gebe mehr Dinge zwischen den Zeilen eines Buches, als sich ein Psychoanalytiker träumen lasse. Aber dieser richtige Satz läßt sich umkehren, und Künstler ahnen zumeist gar nicht, wie weit ihre Werke noch zurückfallen hinter das, was die zu leicht verachtete Schulpsychologie längst von der Seele weiß und ungleich stringenter einordnen kann. Was für die Psychologie gilt, gilt für andere Wissenschaften nicht minder. Die Kunst ist allen tiefenpsychologischen und ideologiekritischen und strukturalistischen Weltmodellen nicht a priori voraus und kann sich deren Kenntnis nicht schenken, ohne so obsolet zu werden wie der Hobbybastler vor dem Industriefließband. Sartre zog daraus die Konsequenz und erklärte den genialen Interpretationsmethoden-Mix seines Flaubert-Buches »Der Idiot der Familie« kurzerhand zum »vrai roman«, der nicht eine stolze Ignoranz mit künstlerischer Unschuld verwechselt.

Anders landet man wieder bei den „schönen Seelen", die fürchten, der schnöde Verstand würge die zarten Gefühle ab, d.h. er komme dem inneren Morast auf die Schliche. Wir dürfen also schon eine Literatur fordern, die auf der Höhe ihrer Zeit ist und nicht aus der Not, weder Freud noch Adorno oder Lévy-Strauss studiert zu haben, die Tugend genialischer Instinktsicherheit macht, den bebilderten Bildungsabhub von vorgestern als Blubo-Natur verkauft. Nur das kann vor jener Mixtur aus Donald Duck und Maharishi Yogi bewahren, die heute aus mageren Comics das magische »Komm, X!« heraushören will.

Psychoanalytisch reflektiertes Schreiben kann vor neuer falscher Innerlichkeit (die meist nur irrationalisiert, was an ihr objektiv determiniert ist) ebenso prophylaktisch schützen wie vor einem Agitprop-Kitsch, der das Subjekt nur als Parteimitglied oder Guerillero toleriert. Psychoanalyse ist nicht der pansexuelle Generalschlüssel der Kunst, und niemand sollte für eine psychologistische Reduktion der Belletristik plädieren. Der prominente Widerspruch zwischen Kapital und Arbeit ist nicht zu verharmlosen zum Klassenkonflikt zwischen Vater und Sohn, zwischen Überich und Es in der Einzelseele.

Die Psychoanalyse von Literatur und nicht von Literaten ist eine notwendige und keine zureichende Bedingung der Möglichkeit von authentischen Texten, ein nützliches Hilfsinstrument, nicht mehr, aber auch nicht weniger, wenn Literatur nicht dümmer werden will als die Wissenschaft, deren Absolutheitsanspruch sie immer neu mit Recht in Frage stellt. Von jeder literarisch kaschierten Autobiographie gilt noch immer : Je ehrlicher, desto unwahrhaftiger. Das Ich, diese Rationalisierung aller Rationalisierungen, verbirgt vor sich selbst, daß und was und wieviel es sich selber vormachen muß, um Lesern etwas vormachen und mit sich selbst leben zu können. Keine Selbsterforschung gibt es ohne eine Selbsttäuschung, die der Selbstenttäuschung zuvorkommt. Lesen Sie noch einmal Rousseaus professionelle »Konfessionen«, um dieses Buhlen um Beifall über so viele falsche Kühnheiten kennenzulernen. Er prahlt mit Niedrigkeiten, die er nie begangen hat, und verschweigt als Autor des »Emile«, daß er seine Kinder ins Waisenhaus weggab. Lesen Sie noch einmal die »Confessiones« des Hl. Augustinus, der von der sicheren Warte des Glaubens herunter seine armseligen Jugendsünden aufbauschen muß, um die Heiden das Gruseln vor der Hölle zu lehren. Der Analysand wird auf der vielbelachten Seelencouch mehr über sich und seine Möglichkeiten und Grenzen erfahren als der aufmerksamste Leser des größten Romanciers. Das zu den subjektiven Grenzen der Kunst neben ihren objektiven, nur die Herzen und nicht die Welt bewegen zu können. Gleichwohl ist ein gelungenes Kunstwerk so wenig vollständig analysierbar wie ein Mensch; leichter zu deuten sind die mißglückten Projekte, die jeder besser nachahmen kann.

Die emanzipierende Literatur macht sich zum Anwalt unterdrückter Individualität, indem sie das Leben unter dem versagenden Weltprinzip zum nachfühlbaren Ausdruck bringt, und sie verhilft dem Einzelnen dort zum Recht, wo sie sein Scheitern am Weltlauf gestaltet. Nach Adorno bewahrt sie die »Utopie, die von der Liebe der Mutter zehrt«. Aber Literatur webt auch am Schleier der Maya mit, und »die Dichter lügen zu viel« (Platon und Nietzsche). Die Literaturkritiker sind so höflich, den Autor vom Erzähler und vom Helden zu unterscheiden. Madame Bovary, das ist der passive Onanist Gustave Flaubert, aber dahinter ist er viel besser verschanzt als in seiner Brief-Korrespondenz, die uns den sehr merkwürdigen

Bovarismus Flauberts und seiner vielen Leser enthüllt.

Der Autor versteckt sich in seinen Fiktionen, aber in seinen Erdichtungen verrät er dem analytischen Blick mehr, als wenn er direkt von sich zu sprechen versucht. Die Wahrheit über sich selbst sagt er mit der Wahrheit, die er seine fingierten Personen sagen läßt. Er entlarvt sich, indem er die Personen entlarvt, die er zu erfinden meint, uns, die anderen, die er in sich selber wiederfindet als die Urheber seiner Verletzungen. So zeigt sich der Tintenfisch in der Federtinte, die ihn doch verhüllen soll. Er will erkennen, um erkannt, d. h. biblisch: geliebt zu werden, er legt Köder und Fallen aus, er schminkt und prostituiert sich auf der Suche nach Freiern, er will die Leser in sein Lager ziehen, sie über-zeugen, und jede Sprache ist ursprünglich eine Sprache magischer Verführung und Werbung. Er will Frau Welt enthüllen und die nackte Wahrheit deflorieren auf der Suche nach der verlorenen Mutter Natur. Und man soll sich nicht allein deshalb schon für geistig gesund halten, weil man Einsichten wie diese für verrückt hält.

+ + +

Weiterführendes vom Autor

"Objektivität durch Subjektivität oder umgekehrt?"
*Phänomenologischer Entwurf
einer dekonstruierten Erkenntnistheorie
ISBN 3-89811-157-1
164 Seiten*

Diese Arbeit versucht, die klassische Disziplin der Erkenntnistheorie, welche heute in Wissenschaftstheorien aufzugehen droht, wiederzubeleben durch Rückgriffe auf psychoanalytische Befunde und auf aphoristische "Gnome" (griechisch "Erkenntnis") - die den philosophischen Mainstream unterirdisch begleiten - am phänomenologischen Leitfaden von Sartre, Heidegger und Conrad-Martius. Das Unbewußte gilt seit Freud als *missing link* zwischen Leib und Seele. Die Erkenntnisbedingungen und -widerstände kommen nicht nur aus Verstand oder Gegenstand, sondern auch aus leiblich fundierten Triebkonstellationen. Daß die Erkenntnis- und Selbsterkenntnisleistungen des menschlichen Bewußtseins hinterrücks oft mitbestimmt - oder systematisch verzerrt - werden durch abgewehrte Anteile der Subjektivität, wäre für die philosophischen Erkenntnistheorien endlich fruchtbar zu machen, und die Aphoristiker waren immer auch de(kon)struierende Ur-Analytiker des Unbewußten hinter rationalisierenden Bewußtseinsfassaden.

"Nur in der Fremde fühle ich Fernweh" oder :
„Die grüne Bank am Deich" *(Idyllischer Roman)*
ISBN 3-89811-378-7 *302 Seiten*

Zwischen Gedenken und Gedanken. Ein alter und ein junger Mann sprechen über Gott und die Welt und die Seele, auch über Adalbert Stifter. Und sie erinnern sich an ein Leben in Bibliotheken und im Buch der Natur, nicht in Staat und Gesellschaft. Eines Tages kommt eine junge Frau dazu, das ist fast alles. - "Von Verwicklungen und Lösungen, von Herzenskonflikten und Konflikten überhaupt, von Spannungen und Überraschungen findet sich nichts" in diesem ruhigen Roman, der das Idyll rehabilitieren will, die heute verrufenste aller Gattungen. Das ist die sozialkritische Provokation, ein noch unzeitgemäßes Plädoyer für Studierstubenhocker in kontemplativsten Elfenbeintürmen, nicht für komische Käuze im hektischen Koma.

"Künste und Wissenschaften als verlorene Paradiese –
Essays zur Bedeutung der Kultur-Idyllen"
ISBN 3-89811-801-0 *252 Seiten*

"Die ... Unabhängigkeit, die der eine draußen in der Welt sucht, findet der andere in dem Freistaat der Kunst und Wissenschaft." (Th. Fontane) Kultur als Selbstzweck ist der einzige Garten Eden, der jedermann jederzeit offen steht. Auch und gerade Kunstwerke anti-idyllischen Inhalts z. B. stellen oft schon kraft ihrer ästhetischen Form in sich stimmige Kultur-Idyllen dar. Überfällig wäre die methodische "Contemplation in a world of action" (Th. Merton), also wird angeknüpft an Traditionsbestände, welche die heute soziohistorischen Paradigmen versuchsweise ersetzen durch gründlich entkollektivierte und praxisabstinente Theorie-Kulturen. - Die reine Bildungsidylle, die nichts als kosmische Ordnungen ohne jeden Aktionsappell betrachtet, war aber wohl immer schon selbst jene Sozialutopie, von der sie historisch meist nur begraben wird.

„Martin Heidegger –
Versuch einer Psychoanalyse seines *Seyns*", 1993

„Das Rätsel der Lösungen – *Philosophische Reflexionen
zur Schöpfungsordnung*", 1996

„Die Irren sind auch nicht mehr die einzig Normalen"
(Erzählungen), 1997

„Auch der Eskimo klebt an seiner Eisscholle"
(Geschichten und Virtuosenstücke), 1998

„Am schnellsten vermehrt sich die Unfruchtbarkeit –
Essays zur Multi-Kulturlosigkeit"
(Rückblick auf das 21. Jahrhundert), 1998

„Zurück zur postökologistischen Natur : *Über metapolitische
Methoden der Ganzheit und der Differenzen*", Essays, 1998

„Objektivität durch Subjektivität oder umgekehrt? –
*Phänomenologischer Entwurf
einer dekonstruierten Erkenntnistheorie*", 1999

„Nur in der Fremde fühle ich Fernweh"
(Idyllischer Roman), 2000

„Künste und Wissenschaften als verlorene Paradiese –
Essays zur Bedeutung der Kultur-Idyllen", 2000

„Der Mensch ist, was er verg-isst /
Kosmostheorie oder Gemeinschaftspraxis", 2007

„Philosophische Formelsammlung :
*Ambivalente Gedankenexperimente du nachsokratische
Fragmente",* Verlag Königshausen & Neumann, 2012

„Gedankenlesen : Hirnforschung ohne Computertomographen – *Philosophie zwischen Wissenschaft, Kunst und Religion",* DWV Deutscher Wissenschafts-Verlag, 2013

„Die Liebhaber der Sophie – *Philosophiegeschichte in Philosophengeschichten",* 2013

„Aphorismen zur Zeitaltersweisheit – *Kopfverdreher, Kopfzerbrecher",* 2014

„Ist *Philosophical Correctness* eine Kommunikationswissenschaft? – *Versuche über moderne Versuchungen",* 2015

„Die längste Leine trägt die Freiheit : *Faule Zaubersprüche",* 2015

„Quanten, Quarks und Strings im Kopf – *Eintausend neue Aphorismen",* 2015

„Die meisten Aufrechten sind unter Gefallenen / *Dumme Sprüche, alte Spiele",* 2015

„An sein Innerstes erinnert sich keiner – *Nicht ganz dichte Gedichte",* 2015

„Zur Tiefenpsychologie der Philosophiegeschichte : *Kurze Geschichte der unbewussten Weltanschauungen",* 2016²

„Mann und Frau befreien sich – voneinander /
Geschlechterkrieg oder Klassenkampf?", 2015

„Zur Dialektik und Phänomenologie
der Natur- und Kultur-Idyllen", 2015

„Wer gut abschneidet, kastriert –
Zurück zur frühromantischen Magie?", 2015

„Nächtliche Streichhölzer –
Aphorismen zur Lebensgewohnheit", (Satiren), 2016

„Esprit und Geisteswissenschaften – *Wechselwirkungen
zwischen Kunst, Philosophie und Psychologie*", 2016

„Philosophische Überlegungen in psychologischen
Auslegungen – *Bauchgedanken und Kopfgefühle*", 2017^2

„Fürchte den, der dich fürchtet – Hundert Jahre DADA",
Zwergrätsel zu Spottpreisungen, 2016

„Mit einem Satz ins Freie – *Reflexionen, Urteile
und Sentenzen*", 2. überarbeitete Auflage, 2016

„Kurz und klein – klein, aber fein", *Aphorismen,* 2016

„Gewinner heißen Spielverderber / *Aphorismen*", 2016

„Sei zu klein, um zu herrschen, und zu groß, um beherrscht
zu werden – *Dogmatische Aphorismen*", 2016

„Schlafmützen nennen uns Träumer - *Lumpenproletarische Sprüche : Capriccios in Kurzschrift*", 2017

„Verteidigung des Elfenbeinturms - *Größe Sprüche, wieder nur Widerspruch*", 2017

„Fertig machen dich deine Fertigkeiten - *Aphoristische Idyllen*", Doktrinen und Bonmots, 2017

Empfohlene Aphorismenbände

„Der Mensch ist, was er verg-isst / *Kosmostheorie gegen Gemeinschaftspraxis*", 2007

"Philosophische Formelsammlung –
Ambivalente Gedankenexperimente und nachsokratische Fragmente", 2012

„Aphorismen zur Zeitaltersweisheit –
Kopfverdreher, Kopfzerbrecher", 2014

„Mit einem Satz ins Freie –
Reflexionen, Urteile und Sentenzen", 2016

„Zwergrätsel, Satiren und Zwickmühlen –
Auswahl von Aphorismen", 2017

Trilogie „Philosophische Bedeutungen
in tiefenpsychologischen Deutungen"

„Zur Tiefenpsychologie der Philosophiegeschichte –
*Kurze Geschichte der unbewussten
Weltanschauungen"*, (3. erweiterte Auflage 2015)

„Martin Heidegger – Versuch einer Psychoanalyse
seines *Seyns*", (Verlag *Die Blaue Eule*, Essen 1993)

„Philosophische Überlegungen in psychologischen
Auslegungen – *Bauchgedanken und Kopfgefühle:
Wenn die Seele auf den Geist geht*", 2017